KOUZLO JEDNODUCHÝCH VENKOVNÍCH HOSTŮ

Vytvořte nezapomenutelné okamžiky pomocí 100 pohodových receptů a krásy stolování pod širým nebem

Libor Fiala

Materiál chráněný autorským právem ©2024

Všechna práva vyhrazena

Žádná část této knihy nesmí být použita nebo přenášena v jakékoli formě nebo jakýmikoli prostředky bez řádného písemného souhlasu vydavatele a vlastníka autorských práv, s výjimkou krátkých citací použitých v recenzi . Tato kniha by neměla být považována za náhradu lékařských, právních nebo jiných odborných rad.

OBSAH

OBSAH 3
ÚVOD 6
SNÍDANĚ 7
   1. Ovesné Vločky A Rozinkové Koláčky 8
   2. Borůvkové Koláčky S Citronovou Polevou 10
   3. Pikantní Ovesná Vločka S Shiitake A Špenátem 12
   4. Pikantní palačinky s jarní cibulkou, houbami a kozím sýrem 14
   5. Podmáslí Palačinky S Javorem, Mascarpone A Bobulí 16
   6. Grilovaný Francouzský Toast A Slanina 18
   7. Sladké brambory, jablko a pancetta hash 20
   8. Venkovní Chai 22
PŘEDKRÉVAČKY A SVAČINKY 24
   9. Kuřecí Satay Špízy 25
   10. Veganské klobásové rolky 27
   11. Chuckwagon Kabobs 30
   12. Losos, fazole a hrášek rybí koláč 32
   13. Grilovaná kukuřice se sladkou chilli-sójovou polevou 34
   14. Kukuřičný klas 36
   15. Mini posuvníky 38
   16. Mini pizzy 40
   17. Nachos 42
   18. Popcorn Bar 44
   19. Kokosové krevety 46
   20. Mango avokádový salát 48
   21. Grilované tropické kuřecí špízy 50
   22. z grilovaného ananasu a krevet 52
   23. Špízy Caprese 54
   24. BBQ kuřecí posuvníky 56
   25. Miniaturní Tartaletky S Brusinkou A Brie 58
   26. Krevetový koktejl s pikantní koktejlovou omáčkou 60
SENDVIČE A ZÁBALY 62
   27. Korunovační kuřecí sendviče 63
   28. Italské Burgery S Bazalkovou Hořčicí A Giardinierou 65
   29. Kuřecí tacos v kmínové krustě s uzenou Salsa Verde 68
   30. Horká šunka a brie se roztaví 71
   31. Zábaly z hummusu a červené řepy 73
GRILOVANÉ HLAVNÍ 75
   32. Masové kuličky s omáčkou Marinara 76
   33. Grilované krevety 79
   34. Prkno Platýs S Oranžovo-Miso Glazurou 81
   35. BBQ žebra 83

36. Sekaná zabalená ve slanině na prkně ... 85
37. Peach A Prosciutto Planked Pizza ... 88
38. Grilované humří ocasy s citronovým bylinkovým máslem ... 91
39. Naložené Nachos Na Grilu ... 94

OSTATNÍ SÍTĚ ... 96
40. Losos česnekový ... 97
41. Uzená Klobása, Fazole A Brambory ... 99
42. Opékané bifteky s bylinkovou omáčkou ... 101
43. Krůtí pečený na bylinkách s brusinkovou omáčkou ... 104
44. Medově glazovaná šunka s Ananasovým Kompotem ... 106

ZAHRADNÍ-ČERSTVÉ SALÁTY ... 108
45. Grilovaná panzanella ... 109
46. Salát z pečené cizrny a granátového jablka ... 112
47. Středomořský quinoa salát ... 114
48. Salát s broskví a burrata ... 116
49. Salát z vodního melounu, fety a máty ... 118

STRANY AL FRESCO ... 120
50. Čínský Styl Tofu V Salátových Zábalech ... 121
51. Nakládané Jalapeños ... 123
52. Sladké brambory s Sriracha - Javorová glazura ... 125
53. Noky s česnekovým máslem A žampiony ... 127
54. Cedrové prkno Plněná rajčata ... 129

SLADKÉ DOBRY ... 131
55. Grilované hrušky se skořicí Crème Fraîche ... 132
56. Nanuky z mraženého jogurtu ... 134
57. Sladké karamelizované fíky a broskve ... 136
58. Prkenné Hrušky S Gorgonzolou A Medem ... 138
59. Soubory cookie ... 140
60. Zmrzlinové poháry ... 142
61. Ananasový dort vzhůru nohama ... 144
62. Kokosové makronky ... 146
63. Čokoládový šifonový dort ... 148
64. Klasický dýňový koláč ... 151
65. Perníčky ... 153
66. Narozeninový dort ... 156

RECEPTY NA UZENINKY ... 159
67. Klasická uzeninská deska ... 160
68. Středomořská mísa Mezze ... 162
69. Italský předkrmový talíř ... 164
70. Talíř na uzeniny inspirovaný Asií ... 166
71. Uzenářství inspirované francouzštinou ... 168

OMÁČKY, DIPY A DRESINKY ... 170
72. Želé z horké papriky ... 171

73. Domácí bazalkovo-ořechové pesto 173
74. Klasický hummus 175
75. Avokádový koriandrový dresink 177
76. Tzatziki omáčka 179
77. Pečená červená Paprika a Ořechový Dip 181
78. s'Mores Dip 183

OBČERSTVENÍ A CHLADIČE 185

79. Sladký čaj s příchutí whisky 186
80. Mimosa Sangria 188
81. Venkovní Margarita 190
82. Paloma 192
83. Narozeninový shake 194
84. Medová limonáda Bourbon 196
85. Zimní Candy Cane Martini 198
86. Citrusové a Javorové Svařené Víno 200
87. Rubínově červený grapefruit Shandy 202
88. Letní Ale Sangria Se Zázvorem A Broskví 204
89. Svařený cider s vanilkou a bourbonem 206
90. Margarita 208
91. Mojito 210
92. Kosmopolitní 212
93. Negroni 214
94. Moskevský mezek 216
95. Francouzština 75 218
96. Espresso Martini 220
97. Modré Martini 222
98. Ovocné smoothie 224
99. Virgin Piña Colada 226
100. Voda napuštěná ovocem 228

ZÁVĚR 230

ÚVOD

Vítejte v „KOUZLO JEDNODUCHÝCH VENKOVNÍCH HOSTŮ", kde oslavujeme radost ze stolování pod širým nebem pomocí 100 jednoduchých receptů navržených tak, aby vytvořily nezapomenutelné okamžiky pod širým nebem. Ať už piknikujete v parku, pořádáte grilování na zahradě nebo si užíváte večeři při západu slunce na terase, tato kuchařka je vaším průvodcem, jak si vychutnat krásu venkovního stolování s lahodnými a přístupnými recepty.

V této kuchařce objevíte sbírku receptů inspirovaných živými chutěmi čerstvých sezónních surovin a uvolněná atmosféra venkovních setkání. Od jednoduchých salátů plných čerstvých produktů ze zahrady až po lahodné grilované hlavní pokrmy a osvěžující nápoje, každý recept je vytvořen tak, aby vylepšil váš zážitek z venkovního stolování a přinesl radost z každého sousta.

To, co odlišuje „KOUZLO JEDNODUCHÝCH VENKOVNÍCH HOSTŮ", je jeho důraz na jednoduchost a dostupnost. Ať už jste zkušený grilovač nebo kuchař začátečník, tyto recepty jsou navrženy tak, aby se daly snadno dodržovat a přizpůsobily se vašim chuťovým preferencím a dietním potřebám. S minimálními přípravami a zbytečnostmi můžete strávit méně času v kuchyni a více času užívat si společnost milovaných uprostřed krásy přírody.

V této kuchařce najdete praktické tipy pro plánování a realizaci venkovních hostin bez námahy, stejně jako úžasné fotografie, které inspirují vaše kulinářské dobrodružství. Ať už pořádáte neformální setkání s přáteli, slavíte zvláštní příležitost nebo si jednoduše vychutnáváte klidné jídlo v přírodě, "KOUZLO JEDNODUCHÝCH VENKOVNÍCH HOSTŮ" má vše, co potřebujete k vytvoření nezapomenutelných okamžiků pod sluncem nebo hvězdami.

SNÍDANĚ

1. Ovesné Vločky A Rozinkové Koláčky

SLOŽENÍ:
- 4 lžíce odstředěného mléka
- ½ lžičky citronové šťávy
- 150 g celozrnné samokypřicí mouky, propasírované
- 20 g zlatého moučkového cukru
- 1 lžička prášku do pečiva
- ½ lžičky mleté skořice
- 40 g pomazánky se sníženým obsahem tuku
- 25 g ovesných vloček
- 50 g rozinek nebo sultánek
- 1 středně velké vejce, lehce rozšlehané

INSTRUKCE:
a) Předehřejte troubu na 220 °C/horkovzdušnou na 200 °C.
b) Jemně ohřejte mléko buď v mikrovlnné troubě nebo na varné desce a přidejte kapku citronové šťávy. Nechte stranou, dokud nebude potřeba.
c) V míse smíchejte mouku, cukr, prášek do pečiva a skořici.
d) Pomazánku se sníženým obsahem tuku rozdělte na malé kousky a přidejte k suchým surovinám. Pomazánku rozetřete konečky prstů, dokud nebude směs vypadat jako jemná drobenka.
e) Do stejné mísy přidejte oves, rozinky, ohřáté mléko a většinu vajec – malé množství nechte na polevu. Dobře promíchejte, aby vzniklo těsto.
f) Na lehce pomoučené ploše těsto rozválejte na tloušťku asi 1 cm. Pomocí vykrajovátka o průměru 6 cm vykrájejte 8 koláčků.
g) Koláčky položte na vymazaný plech – rovnoměrně rozmístěný – a lehce potřete zbylým vejcem.
h) Pečte 10–12 minut, dokud nezezlátnou a nebudou křupavé.

2. Borůvkové Koláčky S Citronovou Polevou

SLOŽENÍ:
PRO SCONES
- 2 šálky (240 g) víceúčelové směsi na pečení
- ¾ šálku (180 ml) podmáslí
- ¼ šálku (56 g) másla, rozpuštěného a vychlazeného, plus další na vymazání
- 3 lžíce krystalového cukru
- 1 velké vejce
- Kůra z 1 velkého citronu
- 1 šálek (170 g) borůvek

NA glazuru
- ½ šálku (57 g) moučkového cukru
- 1 lžíce citronové šťávy

INSTRUKCE:
NA VÝROBU KOLÍČEK:
a) Ve velké míse smíchejte směs na pečení, podmáslí, máslo, krystalový cukr, vejce a citronovou kůru velkou pevnou lžící, dokud nevznikne měkké, lepivé a chlupaté těsto. Jemně vmícháme borůvky.

b) Velkou pánev vymažte máslem a rozehřejte ji na středně mírném ohni. Pomocí velké lžíce dejte do pánve ¼ hrníčku těsta (o něco většího než golfový míček). Uspořádejte je tak, aby se strany každé sušenky sotva dotýkaly. Měli byste mít 14 koláčků.

c) Přikryjte a vařte, dokud nebudou koláčky na dně zlatavě hnědé, 4 až 5 minut. Každou sušenku otočte lžící a pokračujte ve vaření přikryté ještě asi 5 minut, dokud obě strany lehce nezhnědnou a koláčky nebudou uprostřed plně upečené.

d) Mezitím, abyste vytvořili polevu, šlehejte dohromady moučkový cukr a citronovou šťávu v malé misce, dokud se dobře nespojí. Teplé koláčky před podáváním pokapejte polevou.

3. Pikantní Ovesná Vločka S Shiitake A špenátem

SLOŽENÍ:
- 2 lžíce olivového oleje, rozdělené
- 1 střední šalotka, nakrájená najemno
- 3 šálky (700 ml) kuřecího vývaru
- 2 šálky (225 g) opečené instantní ovesné vločky, bez přidaného cukru nebo skořice
- 8 středních hub shiitake, nakrájených na plátky (asi 3 unce)
- ¼ lžičky košer soli
- ⅛ lžičky mletého černého pepře
- 3 šálky (100 g) baleného baby špenátu
- 2 polévkové lžíce ponzu omáčky a další pro podávání

INSTRUKCE:
a) Nakapejte 1 polévkovou lžíci oleje do malého hrnce na středně vysokou teplotu. Přidejte šalotku a vařte, dokud nezačnou být průsvitné, asi 2 minuty.
b) Přidejte vývar a ovesné vločky a přiveďte k varu.
c) Snižte plamen a za občasného míchání vařte asi 5 minut, dokud se oves nerozvaří na vámi preferovanou konzistenci. Pokračujte v zahřívání jen tolik, aby zůstalo teplo.
d) Mezitím dejte velkou pánev na středně vysokou teplotu a zamíchejte zbývající 1 lžíci oleje. Přidejte houby, sůl a pepř. Vařte, dokud houby nezměknou, 3 až 5 minut za občasného míchání. Přidejte špenát a ponzu , promíchejte, aby se spojily, a vařte, dokud špenát nezvadne , asi 2 minuty.
e) před podáváním je pokapejte trochou ponzu .

4. Pikantní palačinky s jarní cibulkou, houbami a kozím sýrem

SLOŽENÍ:
PRO NÁPLŇ
- 4 střední cremini houby, jemně nakrájené
- 4 jarní cibulky, nakrájené nadrobno
- 2 lžíce olivového oleje
- 1 lžíce nasekaného čerstvého tymiánu
- ½ lžičky košer soli
- ¼ lžičky mletého černého pepře

NA palačinky
- 2 šálky (240 g) víceúčelové směsi na pečení
- 1½ šálku (350 ml) mléka
- 2 velká vejce
- Máslo
- Kozí sýr

INSTRUKCE:
PRO VYTVOŘENÍ NÁPLNĚ:
a) V malé misce smíchejte houby, jarní cibulku, olej, tymián, sůl a pepř a dejte stranou.

NA VÝROBU palačinek:
b) Ve velké míse prošlehejte pečicí směs s mlékem a vejci, dokud se dobře nespojí.

c) Rozpalte velkou pánev na střední teplotu a rozpusťte kousek másla, krouživým pohybem potřete povrch. Na pánev nalijte ¼ šálku (60 ml) těsta najednou.

d) Těsto potřeme 2 vrchovatými polévkovými lžícemi směsi hub a jarní cibulky a během pečení zlehka vtlačíme do palačinky.

e) Vařte, dokud okraje nezačnou tuhnout, asi 3 minuty. Palačinku otočte a opékejte z druhé strany do zlatohnědé a zcela ztuhlé, ještě asi 2 minuty.

f) Podávejte s velkou porcí másla a kopečkem kozího sýra navrchu.

5. Podmáslí Palačinky S Javorem, Mascarpone A Bobulí

SLOŽENÍ:

NA palačinky
- 2 šálky (240 g) víceúčelové směsi na pečení
- 2 šálky (475 ml) podmáslí
- ½ šálku (115 g) sýra mascarpone
- 2 velká vejce
- Máslo

NA PLEVA
- 2 lžíce moučkového cukru
- ½ šálku (115 g) sýra mascarpone
- 2 šálky (150 g) malin, ostružin nebo borůvek
- Javorový sirup

INSTRUKCE:

a) Ve velké míse prošlehejte směs na pečení, podmáslí, mascarpone a vejce, dokud se dobře nespojí.
b) V malé misce vmíchejte moučkový cukr do druhé ½ šálku (115 g) mascarpone a dejte stranou.
c) Rozpalte velkou pánev na střední teplotu a rozpusťte kousek másla, krouživým pohybem potřete povrch. Na pánev nalijte ¼ šálku (60 ml) těsta najednou.
d) Vařte, dokud se na povrchu nerozbijí bublinky a okraje palačinky nezačnou tuhnout, asi 3 minuty. Otočte a opékejte druhou stranu, dokud nezezlátne a úplně ztuhne, ještě asi 2 minuty.
e) Opakujte se zbývajícím těstem. (Aby byly palačinky teplé, naskládejte je na sebe a zabalte je do alobalu, jakmile budou hotové.)
f) Podávejte s kopečkem oslazeného mascarpone, hrstí lesních plodů a navrchu pokapejte javorovým sirupem.

6.Grilovaný Francouzský Toast A Slanina

SLOŽENÍ:
- 3 velká vejce
- 1 šálek (240 ml) půl na půl nebo mléka
- ¼ šálku (60 ml) kořeněného rumu
- 1 lžíce cukru
- 6 (¾- až 1 palec tlustých) plátků mírně zvětralého challah, briošky nebo chleba ve venkovském stylu
- 8 proužků tlustě nakrájené slaniny
- Javorový sirup

INSTRUKCE:
a) Připravte gril na dvouzónový ohřev.
b) V široké mělké misce šlehejte dohromady vejce, půl na půl, rum a cukr, dokud se pudink dobře nespojí.
c) Dejte si stranou 6 špejlí, dokud nebudete připraveni k použití. Každý krajíc chleba nakrájejte na 2,5 cm velké kousky. (Měli byste mít asi 36 kusů.) Nanášejte kousky do jedné vrstvy v misce, v případě potřeby pracujte po dávkách a chléb namočte do pudinku asi na 10 sekund. Otočte a namáčejte druhou stranu ještě asi 10 sekund, dokud nebude chléb zcela nasycený, ale nerozpadne se. Chléb napíchněte na špejle a nechte trochu okapat. Na zbylé špejle navlékněte slaninu, slaninu překládejte tam a zpět harmonikovým způsobem a propíchněte spíše masité části slaniny než tuk.
d) Grilujte slaninu na nepřímém žáru za občasného obracení po dobu 10 až 12 minut, dokud okraje nebudou křupavé a zhnědlé, ale středy jsou stále vlhké.
e) Chléb grilujte na přímém ohni za občasného obracení asi 5 minut, nebo dokud není povrch suchý a dozlatova a středy propečené. Pokud chléb hnědne příliš rychle, dokončete špízy na nepřímém žáru, jakmile dosáhnou dobrého připálení.
f) Podávejte s kapkou javorového sirupu.

7. Sladké brambory, jablko a pancetta hash

SLOŽENÍ:
- 6 uncí pancetty, nakrájené na malé kostičky
- 1 malá žlutá cibule, nakrájená nadrobno
- 2 střední jablka zbavená jádřinců a nakrájená na kostičky
- 2 lžíce olivového oleje
- 2 velké sladké brambory, oloupané a nakrájené na kostičky
- 1 lžička vloček červené papriky
- ½ lžičky košer soli
- ¼ lžičky mletého černého pepře
- 2 šálky (65 g) baleného baby špenátu
- 4 velká vejce

INSTRUKCE:
a) Rozpalte velkou pánev na středně vysokou teplotu. Přidejte pancettu a za občasného míchání vařte 5 až 8 minut, dokud nezhnědne a nebude křupavá. Pancettu přendejte na velký talíř, tuk si nechte na pánvi.

b) Nechte tuk prohřát asi 1 minutu. Přidejte cibuli a vařte, dokud nezačne být průsvitná, 2 až 3 minuty. Vmíchejte jablka a vařte do zlatova, 3 až 5 minut. Přesuňte cibuli a jablka na talíř pancetty.

c) Rozpálíme pánev a dno lehce potřeme olejem. Přidejte batáty v jedné vrstvě a nerušeně vařte, dokud na dně nezhnědnou, asi 5 minut. Navrch přisypte vločky červené papriky, osolte a opepřete a pokračujte ve vaření za občasného míchání 8 až 10 minut, nebo dokud batáty nezměknou.

d) Pancettu, cibuli a jablka vraťte do pánve a promíchejte, aby se spojily. Přidejte špenát a vařte do zvadnutí, 2 až 3 minuty.

e) Lžící udělejte ve směsi 4 hluboké jamky. Do každé jamky rozklepněte vejce, pánev zakryjte a vařte, dokud žloutky neztuhnou, 8 až 10 minut. (Pokud máte rádi žloutky méně tekuté, ještě pár minut pošírujte.)

8.Venkovní Chai

SLOŽENÍ:
PRO KONCENTRÁT CHAI
- 1 plechovka (14 uncí/415 ml) slazeného kondenzovaného mléka
- 1 lžička mletého kardamomu
- 1 lžička mletého zázvoru
- ½ lžičky mleté skořice
- ½ lžičky mletého hřebíčku

PRO CHAI
- Sáček černého čaje
- Horká voda

INSTRUKCE:
a) Chcete-li připravit chai koncentrát, smíchejte všechny ingredience v malé misce. Přeneste do nádoby s víkem a chlaďte až 3 týdny.
b) Čajový sáček namočte na 3 až 5 minut do hrnku horké vody.
c) vmíchejte několik lžic chai koncentrátu.

PŘEDKRÉVAČKY A SVAČINKY

9.Kuřecí Satay špízy

SLOŽENÍ:
- 650 g kuřecích prsou bez kůže, nakrájených na kostičky

Na marinádu:
- 150 ml neslazeného kokosového nápoje
- 2 lžičky středního kari
- 1 lžíce sojové omáčky se sníženým obsahem soli
- 1 vrchovatá lžička hladkého mangového chutney
- Na arašídovou omáčku:
- 3 lžíce hladkého arašídového másla
- 2,5 cm kořen zázvoru, oloupaný
- 1 střední stroužek česneku, oloupaný
- ½ lžičky středního kari
- 2 lžíce rýžového vinného octa
- 1 lžíce sojové omáčky se sníženým obsahem soli
- 1 lžíce limetkové šťávy
- 1 lžička hladkého mangového chutney

INSTRUKCE:
a) Chcete-li připravit marinádu, přidejte všechny ingredience na marinádu do velké mísy a promíchejte.
b) Přidejte kuře do marinády a promíchejte, aby se důkladně obalilo. Zakryjte a dejte do chladničky alespoň na 1 hodinu.
c) Suroviny na namáčení dejte do mixéru a rozmixujte dohladka. Nalijte do servírovací mísy.
d) Pokud používáte dřevěné špejle, namočte je do vody, aby se nespálily.
e) Na každou špejli napíchněte 2–3 kousky kuřete.
f) Položte na grilovací tác pod středně vysoký gril a opékejte asi 4 minuty – některé okraje by měly začít hnědnout. Vyjměte z grilu, opatrně otočte špízy – pamatujte, že špízy samotné mohou být horké – a pečte další 4 minuty, dokud nebude kuře propečené.

10.Veganské klobásové rolky

SLOŽENÍ:
- Lehký kuchyňský olej ve spreji
- 1 střední červená cibule, nakrájená na kostičky
- 200 g kaštanových žampionů, nakrájených na plátky
- Malá hrst čerstvé šalvěje, nasekané nahrubo
- 1 stroužek česneku, nakrájený na plátky
- 1 lžička uzené papriky
- Čerstvě nastrouhaný muškátový oříšek, podle chuti
- Čerstvě mletý černý pepř, podle chuti
- 1 lžíce veganské worcesterské omáčky
- 1 x 400 g plechovky zelené nebo hnědé čočky, opláchněte a osušte
- 50 g ovesných vloček
- 4 pláty předem připraveného veganského filo těsta
- Neslazené sójové mléko nebo podobné, pro glazování

INSTRUKCE:

a) Troubu předehřejte na 200°C/horkovzdušnou na 180°C.

b) Nepřilnavou pánev potřete olejem ve spreji a rozehřejte na středně mírném ohni. Vařte cibuli, dokud nebude měkká a průhledná. Poté zvyšte teplotu na vysokou a neustále míchejte, dokud cibule nezezlátne. Sundejte z plotny a vložte do kuchyňského robotu.

c) Do stejné pánve přidejte ještě trochu oleje ve spreji a na středně vysokém ohni opékejte houby. Pravidelně míchejte, dokud nezhnědne.

d) Poté snižte teplotu a pokračujte ve vaření, dokud se objem výrazně nezmenší. Slijte přebytečnou tekutinu a přidejte k cibuli v kuchyňském robotu.

e) Přidejte šalvěj, česnek, papriku, muškátový oříšek, černý pepř a worcesterskou omáčku k cibuli a houbám a třením vytvořte hrubou pastu.

f) Poté přidejte čočku a oves a bleskově promíchejte – aby se vše důkladně promíchalo, ale zachovalo se trochu textury.

g) Na suché prkénko položte dva pláty filo těsta na sebe. Lžící nanášejte „klobásovou" směs po délce dlouhé strany, asi 4 cm od okraje. Klobása by měla být asi 2 cm široká a 1 cm vysoká. Poté zvedněte 4 cm okraj přes klobásu klobásu opatrně srolujte. Nakrájejte na 9 koleček klobásy, asi 2,5 cm dlouhé. Opakujte se zbývající směsí filo a klobásy.

h) Rohlíky dáme na vymazaný plech a polejeme sojovým mlékem. Pečeme v troubě 20–22 minut.

11. Chuckwagon Kabobs

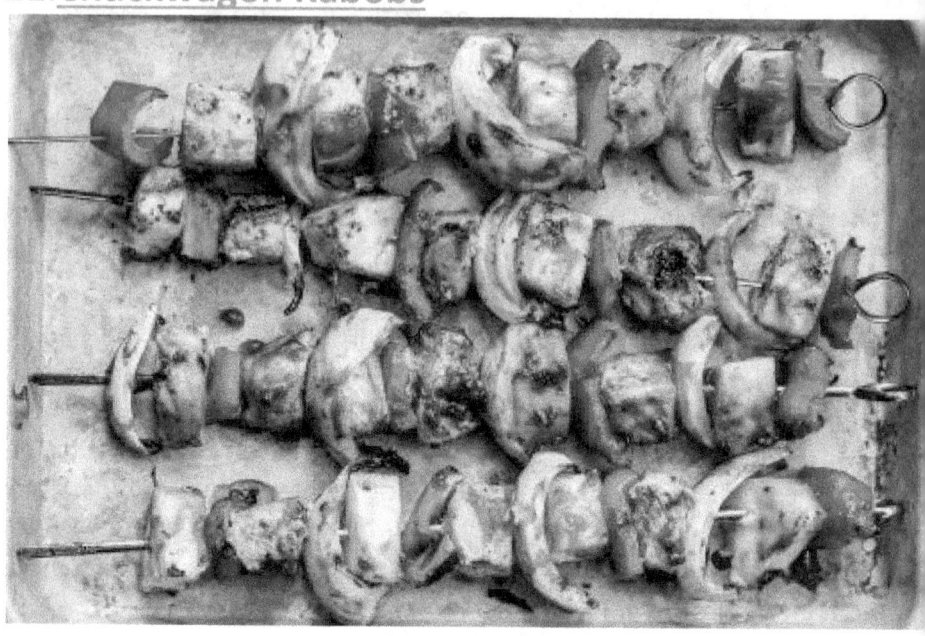

SLOŽENÍ:
- Balení 16 uncí párky v rohlíku -- nakrájené na třetiny
- 16 uncový balíček uzených franků -- nakrájený na třetiny
- Balení 30 uncí mražené steakové hranolky

INSTRUKCE:

a) Všechny suroviny střídavě napichujte na špejle; v případě potřeby volně zabalte do pevné fólie.

b) Grilujte bez víka grilu na středně vysoké teplotě (350-400 stupňů) 3-4 minuty z každé strany.

12.Losos, fazole a hrášek rybí koláč

SLOŽENÍ:
- 2 x filety z lososa (celkem asi 260 g), čerstvé nebo mražené
- 1 citron, šťáva a kůra
- Čerstvě mletý černý pepř, podle chuti
- 2 x 400g konzervy máslových fazolí, okapané
- 100 g drobků pois, zmrazené, opláchnuté pod studenou vodou
- 1 vejce, lehce rozšlehané
- 50g strouhanky, ideálně celozrnné
- 2 vrchovaté lžičky kaparů
- 2 lžíce čistého řeckého jogurtu bez tuku

INSTRUKCE:
a) Troubu předehřejte na 190°C/horkovzdušnou na 170°C.
b) Zabalte lososa do volné fólie s troškou vody. Vložte do trouby a pečte 15–25 minut, podle toho, jak chcete lososa vařit. Nechte vychladnout.
c) Lososa přendejte do velké mísy a nakrájejte, odstraňte veškerou kůži a kosti. Přidejte citronovou kůru, polovinu citronové šťávy a černý pepř a promíchejte.
d) Umístěte máslové fazole a drobky pois do kuchyňského robotu a puls, aby se trochu rozložil. Poté po troškách přidávejte a promíchejte s lososem.
e) Když jsou všechny fazole a losos spojeny, přidejte vejce a důkladně promíchejte. Nechte v lednici, dokud není potřeba.
f) Troubu předehřejte na 220°C/horkovzdušnou na 200°C.
g) Směs rozdělte na 20 – asi 40 g každý – a vyválejte kuličky. Každou kuličku obalte ve strouhance a položte na vymazaný plech.
h) Vložte rybí koláče do trouby asi na 20 minut a v polovině otočte.
i) Kapary vložte do malé misky a rozmačkejte je zadní částí lžíce. Přidejte jogurt a zbývající citronovou šťávu a důkladně promíchejte.
j) Rybí koláčky vyndejte z trouby a podávejte s jogurtovým dipem.

13. Grilovaná kukuřice se sladkou chilli-sójovou polevou

SLOŽENÍ:
- 2 polévkové lžíce (30 ml) sójové omáčky
- 2 polévkové lžíce (40 g) sladké chilli omáčky
- 6 klasů kukuřičných, oloupaných
- Olivový olej ve spreji na vaření, pro zamlžení
- Máslo, k podávání (volitelné)

INSTRUKCE:
a) Připravte středně horký jednostupňový oheň v grilu na dřevěné uhlí s grilovacím roštem nad uhlíky.
b) V malé misce smíchejte sójovou omáčku a sladkou chilli omáčku. Nechte stranou, dokud nebude potřeba.
c) Kukuřici zamlžte sprejem na vaření, uložte klasy na rošt a zavřete víko grilu. Grilujte 5 až 10 minut za občasného obracení, dokud kukuřice nezačne připalovat. Potřete kukuřici polevou a pokračujte v grilování se zavřeným víkem, dokud zrnka nezměknou a nespálí se, asi 10 minut, každé 3 minuty otočte a potřete další polevou.
d) Podávejte s další vrstvou glazury na kukuřici a podle potřeby s máslem.

14.Kukuřičný klas

SLOŽENÍ:
- Čerstvý kukuřičný klas
- Máslo
- Sůl a pepř na dochucení

INSTRUKCE:
a) Oloupejte slupky kukuřice, ale ponechte je připevněné ke spodní části klasu. Odstraňte hedvábné nitě z kukuřice.
b) Namočte kukuřici do velké mísy se studenou vodou asi na 10 minut.
c) Předehřejte gril na středně vysokou teplotu.
d) Z kukuřice setřeste přebytečnou vodu a položte ji přímo na gril.
e) Kukuřici grilujte asi 10–12 minut za občasného obracení, dokud zrnka nezměknou a lehce zuhelnatí.
f) Odstraňte kukuřici z grilu a opatrně stáhněte slupky. Použijte je jako držadla k držení kukuřice.
g) Ještě horkou kukuřici potřete máslem , nechte ji rozpustit a obalit zrna.
h) Dochuťte solí a pepřem podle chuti.
i) Podávejte Corn on the Cob jako lahodnou a klasickou přílohu na vašem nebo venkovním setkání.

15. Mini posuvníky

SLOŽENÍ:
- Mini housky nebo rohlíky
- Mleté hovězí nebo krůtí maso
- Sůl a pepř na dochucení
- Různé druhy čerstvé zeleniny (jako je salát, plátky rajčat, plátky cibule a avokádo)
- Plátky sýra (jako je čedar, švýcarský nebo pepřový jack)
- Koření dle vašeho výběru (jako je kečup, hořčice nebo majonéza)
- Volitelné: Nakládané okurky, karamelizovaná cibule nebo jiné polevy

INSTRUKCE:
a) Předehřejte gril nebo varnou desku na středně vysokou teplotu.
b) Mleté hovězí nebo krůtí maso osolte a opepřete a vytvarujte z nich malé placičky, které odpovídají velikosti vašich posuvných bochánků.
c) Placičky opékejte na grilu nebo pánvi na varné desce asi 3–4 minuty z každé strany, nebo dokud nedosáhnou požadované úrovně propečení.
d) Posuvné bochánky rozkrojte vodorovně na polovinu.
e) Na spodní polovinu každé housky položte uvařenou placičku.
f) Na placičky dejte ještě horké plátky sýra, aby se sýr lehce rozpustil.
g) Na sýr navrstvěte čerstvou zeleninu a případné koření.
h) Položte horní polovinu bochánku na sestavené jezdce.
i) Podávejte Mini Sliders jako lahodné a malé možnosti na vaše nebo venkovní setkání.

16.Mini pizzy

SLOŽENÍ:
- Anglické muffiny nebo mini krusty na pizzu
- Omáčka na pizzu
- Strouhaný sýr
- Polevy dle vlastního výběru (např. feferonky, plátky zeleniny, olivy)

INSTRUKCE:
a) Předehřejte troubu na teplotu doporučenou na obalu pizzy.
b) Anglické muffiny rozdělte napůl nebo položte mini krusty na pizzu na plech.
c) Na každou polovinu muffinu nebo kůrku rovnoměrně rozetřete pizzovou omáčku.
d) Omáčku posypeme strouhaným sýrem.
e) Přidejte požadované polevy.
f) Pečte v předehřáté troubě asi 10-12 minut nebo dokud se sýr nerozpustí a nezvětší.
g) Před podáváním je nechte mírně vychladnout.

17. Nachos

SLOŽENÍ:
- Kukuřičné čipsy
- Strouhaný sýr
- Resmažené fazole
- Nakrájené jalapeños
- Salsa
- Guacamole
- Zakysaná smetana

INSTRUKCE:
a) Předehřejte troubu na 350 °F (175 °C).
b) Na plech rozprostřete vrstvu tortilla chipsů.
c) Na hranolky posypeme strouhaným sýrem.
d) Přidejte vrstvu smažených fazolí a nakrájené jalapeños.
e) Pečte v předehřáté troubě asi 10-12 minut nebo dokud se sýr nerozpustí.
f) Podávejte se salsou, guacamole a zakysanou smetanou.

18. Popcorn Bar

SLOŽENÍ:
- Popcorn
- Různé polevy (např. rozpuštěná čokoláda, karamelová omáčka, strouhaný sýr, chilli prášek, skořicový cukr, sušené bylinky)

INSTRUKCE:
a) Popcorn popcorn podle návodu na obalu.
b) Popcorn rozdělte do misek nebo jednotlivých sáčků.
c) Postavte si polevou stanici s různými miskami obsahujícími různé polevy.
d) Umožněte hostům přizpůsobit si popcorn přidáním požadovaných zálivek.

19. Kokosové krevety

SLOŽENÍ:
- 1 libra velkých krevet, oloupaných a zbavených žilek
- 1 hrnek strouhaného kokosu (slazeného nebo neslazeného)
- ½ šálku strouhanky
- ½ lžičky soli
- Rostlinný olej, na smažení

INSTRUKCE:
a) V misce smíchejte strouhaný kokos, strouhanku a sůl.
b) Namažte každou krevetu kokosovou směsí a jemně přitlačte, aby přilnula k potahu.
c) Zahřejte rostlinný olej ve velké pánvi nebo fritéze na přibližně 350 °F (175 °C).
d) Kokosové krevety opékejte po dávkách asi 2–3 minuty na každé straně, nebo dokud nejsou zlatavě hnědé a propečené.
e) Uvařené krevety přendejte na talíř vyložený papírovou utěrkou, aby odsál přebytečný olej.
f) Podávejte a vychutnejte si tyto křupavé a chutné kokosové krevety jako lahodný předkrm!

20.Mango avokádový salát

SLOŽENÍ:
- 2 zralá manga, nakrájená na kostičky
- 2 zralá avokáda, nakrájená na kostičky
- 1 okurka, nakrájená na plátky
- ¼ šálku červené cibule, jemně nakrájené
- 2 lžíce čerstvé limetkové šťávy
- 2 lžíce nasekaného čerstvého koriandru
- Sůl a pepř na dochucení

INSTRUKCE:
a) V misce smíchejte na kostičky nakrájené mango, nakrájené avokádo, plátky okurky a nakrájenou červenou cibuli.
b) Směs pokapejte limetkovou šťávou .
c) Přidejte nasekaný koriandr.
d) Dochuťte solí a pepřem podle chuti.
e) Jemně promíchejte všechny ingredience dohromady, dokud se dobře nespojí.
f) Mango avokádový salát podávejte jako osvěžující a zdravou přílohu nebo jako zálivku ke grilovanému masu, mořským plodům nebo tacos.

21.Grilované tropické kuřecí špízy

SLOŽENÍ:
- 1 libra vykostěných kuřecích prsou bez kůže, nakrájená na kousky velikosti sousta
- 1 hrnek kousků ananasu
- 1 červená paprika, nakrájená na kousky
- ¼ šálku sójové omáčky
- 2 lžíce medu
- 2 lžíce limetkové šťávy
- 1 lžička strouhaného zázvoru
- Sůl a pepř na dochucení
- Dřevěné špejle, namočené ve vodě po dobu 30 minut, aby se nespálily

INSTRUKCE:
a) V misce prošlehejte sójovou omáčku, med, limetkovou šťávu , nastrouhaný zázvor, sůl a pepř.
b) Střídavě napíchněte na špejle kousky kuřete, kousky ananasu a kousky červené papriky.
c) Špízy potřeme marinádou a rovnoměrně je potřeme.
d) Předehřejte gril na středně vysokou teplotu.
e) Špízy položte na gril a opékejte asi 8–10 minut za občasného obracení, dokud není kuře propečené a lehce připálené .
f) Vyjměte špízy z grilu a nechte je pár minut odpočinout.
g) Grilované tropické kuřecí špízy podávejte jako chutné a tropické hlavní jídlo nebo jako lahodný doplněk k letnímu grilování.

22.z grilovaného ananasu a krevet

SLOŽENÍ:

- 1 libra velkých krevet, oloupaných a zbavených žilek
- 2 šálky čerstvých kousků ananasu
- ¼ šálku olivového oleje
- 2 lžíce limetkové šťávy
- 2 stroužky česneku, mleté
- 1 lžička papriky
- Sůl a pepř na dochucení
- Špejle

INSTRUKCE:

V misce smíchejte olivový olej, limetkovou šťávu , mletý česnek, papriku, sůl a pepř.
Na špejle napichujte střídavě krevety a ananas.
Špízy potřeme marinádou.
Předehřejte gril na středně vysokou teplotu a namažte rošty.
Špízy grilujte 2–3 minuty z každé strany, dokud krevety nezrůžoví a nepropečou.
Podáváme horké jako lahodný předkrm nebo hlavní jídlo.

23.Špízy Caprese

SLOŽENÍ:
- 16 cherry rajčat
- 16 mini kuliček mozzarelly (bocconcini)
- 16 lístků čerstvé bazalky
- 2 lžíce balzamikové glazury
- Sůl a pepř na dochucení
- Špejle

INSTRUKCE:
a) Na každou špejli napíchněte cherry rajčátko, mini kuličku mozzarelly a lístek bazalky.
b) Uspořádejte špejle na talíř.
c) Špízy pokapejte balzamikovou polevou.
d) Dochuťte solí a pepřem.
e) Podáváme jako barevný a chutný předkrm.

24.Bbq kuřecí posuvníky

SLOŽENÍ:
- 1 libra vykostěných kuřecích prsou bez kůže
- 1 šálek barbecue omáčky
- ¼ šálku majonézy
- 12 posuvných bochánků
- Listy salátu
- Plátky rajčat
- Plátky červené cibule

INSTRUKCE:
a) Předehřejte gril na střední teplotu.
b) Kuřecí prsa osolíme a opepříme.
c) Kuře grilujte asi 6–8 minut z každé strany, dokud nebude propečené.
d) Kuře potřete barbecue omáčkou a pokračujte v grilování další minutu z každé strany.
e) Vyjměte kuře z grilu a nechte pár minut odpočinout.
f) Kuřecí maso nakrájíme na malé kousky.
g) Housky potřete majonézou.
h) Sestavte posuvníky tak, že na každou buchtu položíte kousek kuřete.
i) Navrch dejte salát, rajčata a plátky červené cibule.
j) Podávejte jako chutné a přenosné sendviče.

25.Miniaturní Tartaletky S Brusinkou A Brie

SLOŽENÍ:
- 1 plát předpečeného listového těsta, rozmraženého
- 1 šálek brusinkové omáčky (domácí nebo koupené v obchodě)
- 6 uncí sýra brie, kůra odstraněná a nakrájená na malé kostičky
- Čerstvý rozmarýn nebo tymián na ozdobu (volitelně)
- Sůl a pepř na dochucení

INSTRUKCE:
a) Předehřejte troubu na 400 °F (200 °C) a vyložte plech pečicím papírem.
b) Rozmražený plát listového těsta rozválejte na lehce pomoučeném povrchu na tloušťku asi ¼ palce.
c) Kulatým vykrajovátkem nebo sklenicí na pití vykrájejte z listového těsta malá kolečka. Velikost bude záviset na tom, jak miniaturní chcete mít tartaletky.
d) Kolečka položte na připravený plech a mezi nimi ponechejte trochu místa.
e) Na každý kruh pečiva naneste asi ½ lžičky brusinkové omáčky.
f) Brusinkovou omáčku doplňte kostkou sýra brie.
g) Každou tartaletku posypte špetkou soli a pepře.
h) Pokud chcete, ozdobte každou tartaletku malou snítkou čerstvého rozmarýnu nebo tymiánu.
i) Pečte v předehřáté troubě asi 12-15 minut nebo dokud není listové těsto zlatavě hnědé a nafouknuté.
j) Tartaletky vyjměte z trouby a před podáváním je nechte několik minut vychladnout.

26. Krevetový koktejl s pikantní koktejlovou omáčkou

SLOŽENÍ:
- 1 libra (450 g) velkých krevet, oloupaných a zbavených
- 1 citron, nakrájený na plátky
- Čerstvý kopr, na ozdobu (volitelné)
- Sůl, na vroucí vodu
- Chutná koktejlová omáčka

INSTRUKCE:
a) Naplňte velký hrnec vodou a dochuťte solí. Přiveďte vodu k varu.
b) Do vroucí vody přidejte oloupané a zbavené krevety. Vařte asi 2–3 minuty, nebo dokud krevety nezrůžoví a nezprůhlední.
c) Uvařené krevety sceďte a přendejte je do misky s ledovou vodou, abyste zastavili proces vaření. Nechte je pár minut vychladnout.
d) Jakmile krevety vychladnou, slijte je z ledové vody a osušte papírovou utěrkou.
e) Uspořádejte krevety na servírovací talíř nebo jednotlivé koktejlové sklenice.
f) Krevetový koktejl podávejte s pikantní koktejlovou omáčkou na boku nebo krevety pokapejte omáčkou.
g) V případě potřeby ozdobte plátky citronu a čerstvým koprem.

SENDVIČE A ZÁBALY

27. Korunovační kuřecí sendviče

SLOŽENÍ:
- 3 lžíce čistého řeckého jogurtu bez tuku
- ¼ čajové lžičky jemného nebo středního kari
- Přisypte kurkumu
- 1 lžička citronové nebo limetkové šťávy
- 1 sušená meruňka, nakrájená nadrobno
- 10 cm okurka, zbavená semínek a nakrájená na kostičky
- 1 vrchovatá lžička sultánek, nakrájených na kostičky
- 120 g vařených kuřecích prsou, ochlazených a nakrájených
- 4 středně velké plátky celozrnného chleba

INSTRUKCE:
a) Do mísy přidejte jogurt, kari, kurkumu a citronovou nebo limetkovou šťávu a důkladně promíchejte.

b) Do jogurtové směsi přidáme na kostičky nakrájenou meruňku, okurku, sultánky a nakrájené kuřecí maso a důkladně promícháme.

c) Sendviče sestavte – není potřeba máslo ani pomazánku – a nakrájejte na čtvrtiny.

d) Ihned podávejte nebo přendejte do uzavřené nádoby a skladujte v lednici, dokud není potřeba. Chlebíčky je nejlepší připravit v den, ale náplň lze připravit předem.

28.Italské Burgery S Bazalkovou Hořčicí A Giardinierou

SLOŽENÍ:

- 1½ šálku (336 g) Domácí Giardiniera a další k podávání
- 3 lžíce (45 g) dijonské hořčice
- 1½ polévkové lžíce (21 g) majonézy
- 3 polévkové lžíce (7,5 g) na tenké plátky nakrájené čerstvé bazalky
- 1 libra (454 g) broušené sklíčidlo
- 12 uncí (340 g) volně ložené horké italské klobásy
- ¾ lžičky košer soli
- ¼ lžičky mletého černého pepře
- 4 plátky sýra provolone
- 4 rolky ciabatty, dělené

INSTRUKCE:

a) Alespoň 3 dny předtím, než plánujete podávat hamburgery, připravte giardinieru (zde).
b) Připravte středně horký dvouzónový oheň v ohništi s grilovacím roštem nad uhlíky.
c) Giardinieru nakrájejte nadrobno . Nechte stranou, dokud nebude potřeba.
d) V malé misce smíchejte hořčici, majonézu a bazalku. Dát stranou.
e) Ve velké míse smíchejte mleté sklíčidlo, italskou klobásu, sůl a pepř. Čistýma rukama ingredience zlehka promíchejte, dokud se nespojí. Směs rozdělte na 8 stejných dílů. Každou část srolujte do koule a jemně každou kouli poklepejte na placičku o tloušťce asi 1 cm. Mezi 2 placičky vložte 1 plátek provolonu. Okraje přimáčkněte prsty, abyste obalili sýr. Zatlačte palcem do středu každé placičky, abyste vytvořili velký důlek.
f) Placičky urovnáme na rošt na přímém žáru. Grilujte nerušeně 4 minuty. Placičky otočte a grilujte další 3 až 4 minuty, dokud teploměr s okamžitým odečtem zasunutý do středu masa nedosáhne 160 °F (71 °C).
g) Ciabattu položte řeznou stranou dolů na rošt na přímém žáru. Grilujte, dokud nebudou lehce zhnědlé a křupavé, 30 sekund až 1 minutu. Spodní bochánky přendejte na plech. Otočte horní housky a grilujte 30 sekund až 1 minutu, dokud nebudou opečené.
h) Chcete-li sestavit hamburgery, naneste vrstvu bazalkové hořčice na spodní polovinu každé housky ciabatty. Přidejte placičku a několik lžic giardiniery a navrch položte druhou polovinu housky. Podávejte s více giardinier na straně.

29. Kuřecí tacos v kmínové krustě s uzenou Salsa Verde

SLOŽENÍ:
PRO SALSA VERDE
- 1½ libry (681 g) tomatillos, loupané
- 1 bílá cibule, rozpůlená podélně, kořen ponechán neporušený, hrubě nakrájený
- 2 papričky jalapeño
- Olivový olej ve spreji pro přípravu zeleniny
- ½ šálku (8 g) baleného čerstvého koriandru
- Šťáva z 1 limetky
- ½ lžičky košer soli, plus více podle potřeby

NA KUŘECÍ TACOS
- 2 lžíce (12 g) kmínových semínek, hrubě drcených
- 1 lžička košer soli plus další na dochucení
- ½ čajové lžičky mletého černého pepře a více na dochucení
- 2 kila vykostěných kuřecích stehen bez kůže, zbavená přebytečného tuku
- 2 červené cibule, nakrájené na čtvrtky, kořeny ponechány nedotčené
- Sprej na vaření s olivovým olejem na přípravu cibule
- Ohřáté moučné nebo kukuřičné tortilly k podávání
- Polevy dle výběru

INSTRUKCE:
a) Připravte středně horký dvouzónový oheň v ohništi s grilovacím roštem nad uhlíky.

Abyste vytvořili SALSA VERDE:

b) Rozprašte tomatillos, cibuli a jalapeňos sprejem na vaření. Zeleninu rozložte na rošt na přímém ohni. Grilujte asi 8 minut, dokud nezměkne a nezhnědne, za občasného obracení. Po dokončení vyjměte každou zeleninu a přeneste ji na prkénko.

c) Grilovanou cibuli oloupeme a nakrájíme nadrobno. Grilované jalapeňos odstopkujte a zbavte jádřince.

d) V kuchyňském robotu smíchejte nakrájenou cibuli a jalapeňos, tomatillos, koriandr, limetkovou šťávu a sůl. Pulzujte, dokud se ingredience nespojí v omáčku, ale stále budou mít mírně hrudkovou konzistenci. Ochutnejte a případně dosolte. Přendejte do malé misky. Odložte stranou, dokud nebudete připraveni k použití.

NA VÝROBU KUŘECÍHO TACOS:

e) V malé misce smíchejte kmín, sůl a pepř. Kuře ze všech stran okoříme směsí koření.

f) Červenou cibuli zalijte sprejem na vaření a dochuťte špetkou soli a pepře.

g) Kuřecí maso a červenou cibuli rozložte na rošt na přímém ohni. Kuře grilujte 10 až 12 minut za občasného obracení, dokud nebude rovnoměrně zuhelnatělé na obou stranách a teploměr s okamžitým odečítáním zasunutý do nejtlustší části stehna nedosáhne 180 °F až 185 °F (82 °C až 85 °C). (Pokud se zdá, že kuře pálí, než dosáhne teploty, přesuňte kuře na nepřímý oheň.) Cibuli grilujte, dokud nezměkne a nezhnědne, asi 8 minut a občas otočte.

h) maso naporcujeme a oloupeme a nakrájíme cibuli.

i) Sestavte taco bar s kuřecím masem, cibulí, tortillami, salsou verde a polevou dle výběru. Pozvěte hosty, aby se sami obsloužili.

30.Horká šunka a brie se roztaví

SLOŽENÍ:
- 8 plátků selského chleba
- Majonéza, na pomazánku
- Dijonská hořčice, na pomazánku
- 8 až 12 uncí (225 až 340 g) lahůdkové šunky, nakrájené na tenké plátky
- 1 (8 uncí nebo 225 g) kolečka sýra Brie, nakrájeného na 0,6 cm plátky
- Hot Pepper Jelly nebo želé z feferonky koupené v obchodě na potírání

INSTRUKCE:
a) Před grilováním namočte cedrové prkno alespoň na 1 hodinu do vody.
b) Připravte středně horký dvouzónový oheň v grilu na dřevěné uhlí s grilovacím roštem přes uhlíky.
c) Na 4 krajíce chleba potřete z jedné strany tenkou vrstvu majonézy. Chléb otočte a na druhou stranu potřete tenkou vrstvou dijonu. Na ně navrstvěte několik plátků šunky a sýra.
d) Na zbývající 4 krajíce chleba natřeme želé. Položte je želé stranou dolů na sendvič. Navrch natřete tenkou vrstvu majonézy.
e) Předehřejte prkno, dokud nezačne kouřit. Otočte desku a přesuňte ji přes nepřímé teplo. Umístěte sendviče na prkno a zavřete víko grilu.
f) Grilujte 10 až 12 minut, dokud se sýr nerozpustí a chléb neopeče.
g) Odstraňte sendviče z prkna a přesuňte je na stranu s přímým ohřevem. Sendviče grilujte na roštu odkryté asi 1 minutu z každé strany, dokud se nevytvoří dobré grilovací stopy.

31. Zábaly z hummusu a červené řepy

SLOŽENÍ:
- 6 velkých celozrnných zábalů
- 150 g obyčejného hummusu se sníženým obsahem tuku
- 90g baby špenátových listů, umytých
- Na salsu z červené řepy:
- 250 g dušené červené řepy, nakrájené nadrobno
- 2 jarní cibulky, okrájené a najemno nakrájené
- 1 lžička červeného chilli pyré
- Malá hrst čerstvé máty, nasekané 1 lžíce citronové šťávy

INSTRUKCE:
a) Suroviny na salsu dejte do mísy a promíchejte.
b) Po jedné straně každého zábalu rozetřete hummus.
c) Nalijte na salsu z červené řepy a poklaďte listy špenátu.
d) Přeložte asi 3 cm ze dvou protilehlých stran obalu. Poté jednu z rozložených stran zvedněte a srolujte tak, aby přeložené strany tvořily konce.
e) Zábal rozřízněte na polovinu. Zajistěte každou polovinu koktejlovou tyčinkou.

GRILOVANÉ HLAVNÍ

32.Masové kuličky s omáčkou Marinara

SLOŽENÍ:
K OMÁČCE MARINARA
- 2 polévkové lžíce (30 ml) olivového oleje
- 1 šalotka, mletá
- 2 stroužky česneku, nasekané
- 1 (28 uncí nebo 790 g) celá loupaná rajčata, neloupaná
- 1 polévková lžíce (4 g) mletého čerstvého oregana
- Štípněte vločky červené papriky
- Kóšer sůl

NA KULIČKY
- 12 (asi 1 libra nebo 454 g) masových kuliček italského typu
- Kóšer sůl
- Mletý černý pepř
- Strouhaný parmazán, na posypání
- Vařené špagety, k podávání (volitelné)

INSTRUKCE:
a) Před grilováním namočte dubové prkno alespoň na 1 hodinu do vody.
b) Připravte středně horký dvouzónový oheň v grilu na dřevěné uhlí s grilovacím roštem přes uhlíky.
c) PŘÍPRAVA OMÁČKY MARINARA: Na varné desce rozpalte střední pánev na středně vysokou teplotu. Přidejte olivový olej a šalotku. Vařte 1 až 2 minuty, dokud nebude šalotka průsvitná. Vmíchejte česnek, rajčata, oregano a vločky červené papriky a omáčku rychle přiveďte k varu. Snižte plamen a udržujte omáčku na pomalém, stálém vaření, občas zamíchejte a rajčata rozmačkejte zadní částí lžíce, jak se rozpadnou. Vařte alespoň 30 minut, dokud nebudete připraveni k použití. Čím déle se omáčka vaří, tím je hustší a bohatší. Omáčku ochutnejte a v případě potřeby dosolte. (Pokud dáváte přednost jemnější omáčce, před použitím ji rozmixujte.)
d) PŘÍPRAVA MAKANÁRŮ: Masové kuličky osolte a opepřete.
e) Předehřejte prkno, dokud nezačne kouřit. Otočte desku a přesuňte ji na nepřímé teplo. Uložte masové kuličky na prkýnko a zavřete víko grilu. Grilujte asi 10 minut, dokud karbanátky nezezlátnou po celém povrchu.

f) Na každou masovou kuličku přidejte asi 1 polévkovou lžíci (15 g) omáčky marinara. (Nepoužitou marinaru si ponechte pro budoucí použití nebo na obalení špaget pro plné jídlo .) Zavřete víko grilu a grilujte asi 5 minut.

g) Masové kuličky posypte parmazánem a zavřete víko grilu. Grilujte dalších 5 minut, dokud se sýr nerozpustí. Teploměr s okamžitým odečtem vložený do středu masové kuličky by měl zaznamenat 160 °F (71 °C). Podávejte s větším množstvím parmazánu posypaného navrch a vařenými špagetami, pokud chcete.

33. Grilované krevety

SLOŽENÍ:
- 1 libra velkých krevet, oloupaných a zbavených žilek
- 2 lžíce olivového oleje
- 2 stroužky česneku, mleté
- 1 lžíce čerstvé citronové šťávy
- 1 lžička papriky
- ½ lžičky soli
- ¼ lžičky černého pepře
- Dřevěné nebo kovové špejle
- Volitelné: Čerstvé bylinky (jako je petržel nebo koriandr) na ozdobu

INSTRUKCE:
a) Pokud používáte dřevěné špejle, namočte je asi na 30 minut do vody, aby se na grilu nepřipálily.
b) V misce smíchejte olivový olej, mletý česnek, citronovou šťávu, papriku, sůl a černý pepř a vytvořte marinádu.
c) Přidejte oloupané a zbavené krevety do marinády a ujistěte se, že jsou všechny krevety dobře potažené . Necháme asi 15 minut marinovat.
d) Předehřejte gril na středně vysokou teplotu.
e) Navlékněte marinované krevety na špejle, propíchněte horní a spodní část každé krevety, aby zůstaly na místě.
f) Vložte krevetové špízy na gril a opékejte asi 2-3 minuty z každé strany, nebo dokud krevety nezrůžoví a nezprůhlední.
g) Vyjměte špízy z grilu a nechte krevety minutu odpočinout.
h) V případě potřeby ozdobte čerstvými bylinkami.

34.Prkno Platýs S Oranžovo-Miso Glazurou

SLOŽENÍ:
- 2 lžíce (40 g) pomerančové marmelády
- 2 polévkové lžíce (34 g) bílé nebo žluté miso
- 1 lžička sezamového oleje
- 1 lžička sójové omáčky
- 1 lžička mirin
- 1 lžička strouhaného oloupaného čerstvého zázvoru
- 4 filety z halibuta (8 uncí nebo 225 g).
- Opražená sezamová semínka, na ozdobu

INSTRUKCE:
a) Jemně nakrájená jarní cibulka, bílé a zelené části, na ozdobu
b) Před grilováním namočte cedrové prkno alespoň na 1 hodinu do vody.
c) Připravte středně horký dvouzónový oheň v grilu na dřevěné uhlí s grilovacím roštem přes uhlíky.
d) V malé misce šlehejte marmeládu, miso, sezamový olej, sójovou omáčku, mirin a zázvor, dokud se nespojí.
e) důkladně osušte papírovými utěrkami a filety štědře potřete polevou.
f) Předehřejte prkno, dokud nezačne kouřit. Otočte desku a přesuňte ji přes nepřímé teplo. Položte halibuta na prkno a zavřete víko grilu.
g) Grilujte 15 až 20 minut, dokud teploměr s okamžitým odečtem vložený do nejtlustší části dužiny nedosáhne 130 °F až 135 °F (54 °C až 57 °C). (V závislosti na tloušťce vašich filetů se může doba vaření lišit o několik minut.)
h) Před podáváním ozdobte sezamovými semínky a jarní cibulkou.

35. Bbq žebra

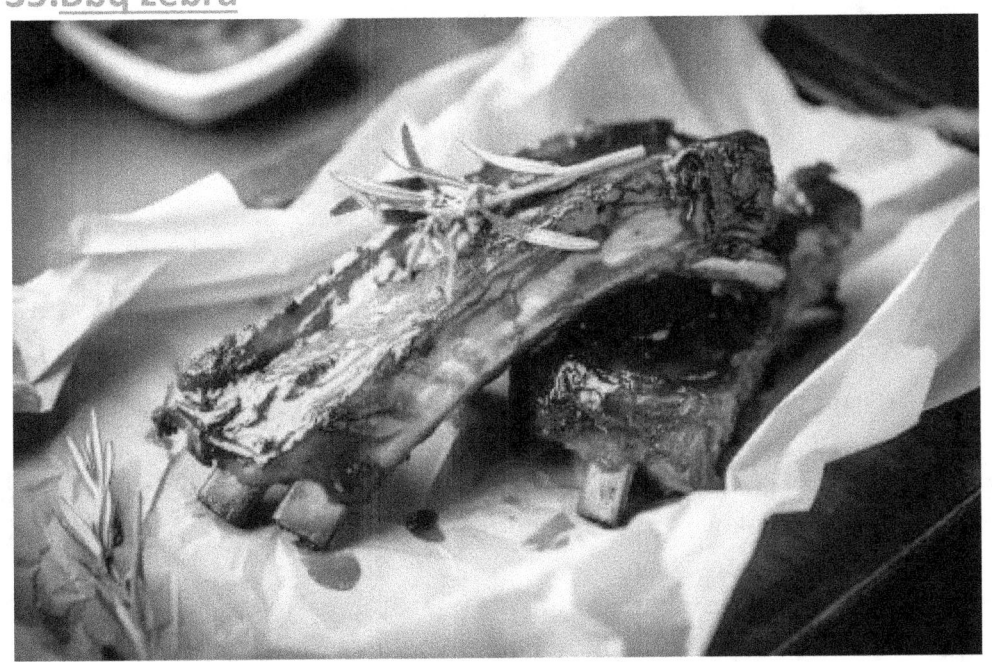

SLOŽENÍ:
- 2 stojany na žebra pro miminka
- ¼ šálku hnědého cukru
- 1 lžička papriky
- 1 lžička česnekového prášku
- 1 lžička cibulového prášku
- 1 lžička soli
- ½ lžičky černého pepře
- 1 šálek BBQ omáčky (vaše oblíbená značka)
- Volitelné: Další BBQ omáčka pro podávání

INSTRUKCE:
a) Předehřejte gril na střední teplotu.
b) V malé misce smíchejte dohromady hnědý cukr, papriku, česnekový prášek, cibulový prášek, sůl a černý pepř, aby bylo suché.
c) Umístěte žebra na plech nebo tác a štědře je potřete suchým třením a rovnoměrně je potřete.
d) Jakmile je gril rozehřátý, položte žebra na grilovací rošty kostmi dolů.
e) Přiklopte pokličkou a žebírka grilujte asi 2-3 hodiny, nebo dokud nebudou měkká a maso se nezačne odtahovat od kostí. Během vaření žebra občas otočte.
f) Během posledních 10 minut grilování potřete žebra BBQ omáčkou a rovnoměrně je potřete.
g) Vyjměte žebra z grilu a nechte je pár minut odpočinout.
h) Žebra nakrájejte na jednotlivé porce.
i) Podávejte BBQ žebra s další BBQ omáčkou na boku, pokud si to přejete.

36.Sekaná zabalená ve slanině na prkně

SLOŽENÍ:
- 2 lžíce (28 g) másla
- ⅓ šálku (53 g) mleté cibule
- ⅓ šálku (37 g) mleté mrkve
- ⅓ šálku (50 g) mleté papriky jakékoli barvy
- 2 stroužky česneku, nasekané
- 6 tenkých plátků slaniny
- 2 velká vejce, rozšlehaná
- 1 polévková lžíce (15 ml) worcesterské omáčky
- 1 polévková lžíce (6 g) mletého černého pepře
- 2 lžičky košer soli
- 1 lžička uzené papriky
- ½ šálku (78 g) staromódního rolovaného ovsa
- ½ šálku (125 g) vaší oblíbené barbecue omáčky a více na polevu
- 1 libra (454 g) broušené sklíčidlo
- 1 libra (454 g) volně ložená jemná italská klobása

INSTRUKCE:
a) Před grilováním namočte dubové nebo cedrové prkno alespoň na 1 hodinu do vody.

b) Připravte si středně horký dvouzónový oheň v grilu na dřevěné uhlí nebo nejlépe, pokud je váš gril dostatečně velký, třízónový s grilovacím roštem nad uhlím.

c) Na sporáku, ve střední pánvi na středně vysoké teplotě, rozpusťte máslo. Přidejte cibuli, mrkev a papriku. Míchejte, aby se spojily. Vařte 6 až 8 minut, dokud cibule nezprůsvitní a mrkev nezměkne. Vmícháme česnek. Vařte asi 1 minutu, dokud nebude velmi voňavá. Sundejte z plotny a dejte stranou.

d) Formu na bochník vyložte pečicím papírem. Přehoďte slaninu křížem krážem přes formu a nechte konce viset přes okraj.

e) Ve velké míse smíchejte vejce, worcester, pepř, sůl, papriku, oves, barbecue omáčku a vařenou zeleninu. Přidejte mleté sklíčidlo a italskou klobásu. Ingredience spolu propracujte ručně, dokud se nespojí (nepřemíchejte).

f) Před grilováním namočte dubové nebo cedrové prkno alespoň na 1 hodinu do vody.

g) Připravte si středně horký dvouzónový oheň v grilu na dřevěné uhlí nebo nejlépe, pokud je váš gril dostatečně velký, třízónový s grilovacím roštem nad uhlím.
h) Na sporáku, ve střední pánvi na středně vysoké teplotě, rozpusťte máslo. Přidejte cibuli, mrkev a papriku. Míchejte, aby se spojily.
i) Vařte 6 až 8 minut, dokud cibule nezprůsvitní a mrkev nezměkne. Vmícháme česnek. Vařte asi 1 minutu, dokud nebude velmi voňavá. Sundejte z plotny a dejte stranou.
j) Formu na bochník vyložte pečicím papírem. Přehoďte slaninu křížem krážem přes formu a nechte konce viset přes okraj.
k) Ve velké míse smíchejte vejce, worcester, pepř, sůl, papriku, oves, barbecue omáčku a vařenou zeleninu. Přidejte mleté sklíčidlo a italskou klobásu. Ingredience spolu propracujte ručně, dokud se nespojí (nepřemíchejte).
l) (V této fázi můžete vařit lžíci směsi na pánvi podle chuti a podle potřeby upravit koření. Toto je volitelný krok, ale užitečný, pokud chcete vědět, jak vaše barbecue omáčka funguje s receptem.)
m) Směs sekanou vklepejte do připravené ošatky a konce slaniny přeložte přes sekanou.
n) Předehřejte prkno, dokud nezačne kouřit. Nasaďte si pár žáruvzdorných rukavic, otočte prkno a položte opečenou stranou na horní část ošatky. Poté držte prkénko a pánev tak, aby byly těsně u sebe, otočte je a položte na nepřímou tepelnou stranu grilu. Opatrně sejměte pánev z sekané (v případě potřeby použijte pergamen) a vyhoďte pergamen. Zavřete víko grilu. Grilujte asi 30 minut, dokud slanina není křupavá a na okrajích hnědá a sekaná nevytvoří kůrčičku.
o) Vršek sekané potřete další barbecue omáčkou a zavřete víko grilu. Pokračujte v grilování dalších 20 až 30 minut, dokud teploměr s okamžitým odečtem umístěný do středu sekané nedosáhne 155 °F (68 °C). (Pokud máte dvouzónový oheň, otočte prkno o 180 stupňů v této polovině, aby bylo vaření rovnoměrné.)
p) Před krájením a podáváním nechte sekanou 10 minut odpočinout.

37. Peach A Prosciutto Planked Pizza

SLOŽENÍ:
- 1 libra (454 g) Domácí těsto na pizzu nebo těsto na pizzu z obchodu
- 1 lžička olivového oleje
- 1 lžička balzamikového octa
- Kóšer sůl
- Mletý černý pepř
- 1 až 1½ broskví, vypeckovaných, rozpůlených a nakrájených na ½ palce (1 cm) klínky
- Olivový olej ve spreji na vaření, pro zamlžení
- Hrubě mletá kukuřičná krupice, na posypání
- 2 šálky (230 g) strouhaného sýra mozzarella
- 6 tenkých plátků prosciutta, natrhaných na kousky
- ¼ červené cibule, nakrájené na tenké plátky
- ½ šálku (75 g) rozdrobeného kozího sýra
- Hrst na tenké plátky nakrájené čerstvé bazalky

INSTRUKCE:

a) Před grilováním namočte dvě prkna z javoru nebo olše do vody alespoň na 1 hodinu.

b) Vychlazené těsto na pizzu nechte alespoň 30 minut při pokojové teplotě.

c) Připravte středně horký dvouzónový oheň v grilu na dřevěné uhlí s grilovacím roštem přes uhlíky.

d) V malé misce rozšlehejte olivový olej, ocet a špetku soli a pepře, dokud se dobře nespojí. Přidejte měsíčky broskve a promíchejte, abyste obalili. Nechte stranou, dokud nebude potřeba.

e) Těsto rozdělte na polovinu a z každé části vytvarujte dlouhý hladký válec. Každý válec vyválejte do obdélníku o velikosti vašeho prkna (viz tip). Těsto po celém povrchu propíchejte vidličkou a povrch postříkejte sprejem na vaření.

f) Předehřejte první prkno, dokud nezačne kouřit. Otočte desku a přesuňte ji přes nepřímé teplo. Povrch poprášíme hrstí polníčku (aby se těsto nelepilo). Položte první těsto naolejovanou stranou dolů na prkénko a potřete vršek sprejem na vaření. Zavřete víko grilu. Grilujte 5 až 7 minut, dokud lehce nezhnědnou a nebudou křupavé.

g) Rychle pracujte a rozložte polovinu mozzarelly na kůrku (až ke krajům) a poté polovinu prosciutta, cibuli, broskve a kozí sýr. Zavřete víko grilu. Pokračujte v grilování po dobu 5 až 7 minut, dokud sýr nezezlátne a nebude bublinkový a polevy se prohřejí.

h) Před podáváním pizzu ozdobte bazalkou. Opakujte postup s druhým prknem a vytvořte druhou pizzu.

38. Grilované humří ocasy s citronovým bylinkovým máslem

SLOŽENÍ:
NA BYLINKOVÉ MÁSLO
- 8 lžic (1 tyčinka nebo 112 g) másla při pokojové teplotě
- ¼ šálku (váha se liší) mletých čerstvých bylinek
- 2 polévkové lžíce (20 g) mletého česneku
- 1 lžička citronové kůry
- 1 lžička čerstvé citronové šťávy

PRO HUMY
- 4 (8 uncí nebo 225 g) humří ocasy
- Olivový olej ve spreji na vaření, pro zamlžení
- Kóšer sůl
- Mletý černý pepř
- Klínky citronu, k podávání

INSTRUKCE:
a) Připravte střední jednostupňový oheň v grilu na dřevěné uhlí s grilovacím roštem přes uhlí.
b) PŘÍPRAVA BYLINKOVÉHO MÁSLA: V malé misce pomocí vidličky rozmačkejte a míchejte máslo, bylinky, česnek, citronovou kůru a citronovou šťávu, dokud se dobře nespojí. Nechte stranou, dokud nebude potřeba.
c) Chcete-li motýlí ocasy:
d) 1. Položte každý humří ocas stranou skořápky nahoru na prkénko. Pomocí kuchyňských nůžek pro velké zatížení zarovnejte spodní čepel přímo pod skořápkou a podélně odřízněte uprostřed, až se zastavíte u kořene ocasu. (Ocasní ploutev by měla zůstat nedotčená.)
e) 2. Nožem krájejte po stejné linii, aby se maso rozdělilo, a zastavte se těsně předtím, než ho nakrájíte až na dno.
f) 3. Otočte humří ocas a nůžkami odstřihněte vodorovné ostny uprostřed ocasu. Pokud jsou připojeny malé ploutvovité nohy (plavci), odstřihněte je a vyhoďte je.
g) 4. Znovu otočte humří ocas a vypáčte jej jako knihu, abyste oddělili a obnažili maso.
h) Maso postříkejte sprejem na vaření a dochuťte solí a pepřem. Položte humří ocasy masovou stranou dolů na rošt a zavřete víko grilu. Grilujte 5 až 7 minut, dokud lehce nezuhelnatí.
i) Vyklopte humry na skořápky a dužinu bohatě potřete směsovým máslem, použijte asi 2 polévkové lžíce (28 g) na humra.
j) Zavřete víko grilu a grilujte asi 5 minut, dokud nebude dužina neprůhledná a pevná na dotek a teploměr s okamžitým odečítáním vložený do humra nezaznamená 135 °F (57 °C).
k) Humří ocasy podávejte s plátky citronu na boku.

39.Naložené Nachos Na Grilu

SLOŽENÍ:
- ½ šálku (68 g) nakládaných Jalapeños
- 1 šálek (149 g) hroznových rajčat
- 2 klasy kukuřičné, oloupané
- Olivový olej ve spreji na vaření, pro zamlžení
- 1 (12 uncí nebo 340 g) sáček tortilla chipsů
- 2 šálky (225 g) strouhaného ostrého sýra Cheddar
- 2 šálky (225 g) drceného pepře Jack sýr
- 1 (15 uncí nebo 425 g) plechovky černých fazolí, propláchnutých a scezených
- 1 avokádo, zbavené pecek a nakrájené na malé kostičky
- 3 jarní cibulky, bílé a zelené části, nakrájené na tenké plátky
- ½ šálku (8 g) nasekaného čerstvého koriandru
- Zakysaná smetana, na ozdobu

INSTRUKCE:
a) Alespoň jeden den předtím, než plánujete dělat nachos, připravte nakládané jalapeños.

b) Připravte středně horký jednostupňový oheň v grilu na dřevěné uhlí s grilovacím roštem nad uhlíky.

c) Rajčata napíchněte na špejle. Rajčata a kukuřici lehce postříkejte sprejem na vaření, položte je na rošt a zavřete víko grilu. Grilujte, dokud rajčata nezměknou a nezměknou, asi 5 minut a kukuřice není celá opečená a měkká, asi 15 minut za občasného obracení. Přeneste na prkénko. Rajčata vyjměte ze špízů a z kukuřice odřízněte jaderka.

d) Sestavte nachos na poloviční plech. Začněte tím, že tortilla chipsy rovnoměrně rozložíte po pánvi. Poté na hranolky posypte polovinu čedaru, pepř Jack, rajčata, kukuřici, fazole, avokádo, nakládané jalapeños a jarní cibulku. Vrstvy znovu opakujte se zbývajícími polevami.

e) Položte plech na rošt a zavřete víko grilu. Grilujte asi 5 minut, dokud se sýry nerozpustí .

f) Před podáváním posypte koriandrem nachos a pokapejte zakysanou smetanou.

OSTATNÍ SÍTĚ

40. Losos česnekový

SLOŽENÍ:
- 2 lžíce (28 g) másla
- 6 stroužků česneku, nasekaných
- 2 polévkové lžíce (30 ml) suchého bílého vína
- 1 polévková lžíce (15 ml) čerstvé citronové šťávy
- Olivový olej ve spreji pro přípravu hliníkové fólie
- 1 (1½ až 2 libry nebo 681 až 908 g) strana lososa
- Kóšer sůl
- Mletý černý pepř
- 1 citron, rozpůlený příčně
- Jemně nakrájená čerstvá petrželka, na ozdobu

INSTRUKCE:

a) Připravte středně horký jednostupňový oheň v ohništi nebo grilu na dřevěné uhlí s grilovacím roštem přes uhlíky.

b) Na sporáku v malém hrnci na středním plameni rozpustíme máslo. Přidejte česnek. Vařte, dokud nebude voňavý, 1 až 2 minuty. Vmícháme bílé víno a citronovou šťávu. Omáčku přiveďte k varu, vařte 1 minutu a stáhněte z ohně.

c) Změřte plát silné hliníkové fólie (alespoň 18 palců nebo 45 cm dlouhý nebo dostatečně dlouhý na zabalení lososa) a povrch lehce postříkejte sprejem na vaření.

d) Lososa osušíme papírovými utěrkami a položíme doprostřed připravené fólie. Omáčku nalijte rovnoměrně na povrch a dochuťte solí a pepřem. Složte a zalepte fólii do balíčku.

e) Položte balíček na rošt. Grilujte 10 až 12 minut a každé 3 až 5 minut otočte sáčkem pro rovnoměrné vaření. (V závislosti na tloušťce vašeho lososa se může doba vaření lišit o několik minut.) Přeneste alobalový balíček na plech a při otevírání buďte opatrní, protože bude plný páry. Losos je hotový, když se maso snadno odlupuje vidličkou a teploměr s okamžitým odečítáním zasunutý do nejtlustší části masa zaznamenává 120 °F až 125 °F (49 °C až 52 °C).

f) Půlky citronu lehce postříkejte sprejem na vaření a položte je řeznou stranou dolů na rošt. Grilujte asi 5 minut, dokud okraje nezhnědnou. Na lososa vymačkejte citrony a ozdobte petrželkou. Lososa podávejte na rodinný způsob nebo ho nakrájejte na jednotlivé porce na obkládání.

41. Uzená Klobása, Fazole A Brambory

SLOŽENÍ:

- 1 libra (454 g) uzené klobásy andouille, nakrájená na ½ palce (1 cm) plátky
- 1 libra (454 g) baby brambor, nakrájené na čtvrtky
- 8 uncí (225 g) lupínkových fazolí, oříznutých a rozpůlených
- 8 uncí (225 g) cremini houby, nakrájené na čtvrtiny
- 1 žlutá cibule, nakrájená
- 2 polévkové lžíce (30 ml) olivového oleje
- 4 čajové lžičky (10 g) směsi cajunského kreolského koření (recept následuje)
- Olivový olej ve spreji pro přípravu hliníkové fólie
- 4 polévkové lžíce (½ tyčinky nebo 56 g) másla, nakrájené na malé kousky
- Hrst nasekané čerstvé petrželky, na ozdobu

INSTRUKCE:

a) Připravte si rozžhavený jednopatrový oheň v ohništi nebo grilu na dřevěné uhlí s grilovacím roštem přes uhlí.
b) Ve velké míse smíchejte klobásu, brambory, fazole, houby a cibuli. Pokapejte olivovým olejem a posypte směsí koření. Přehodit do kabátu.
c) Změřte čtyři listy odolné hliníkové fólie (alespoň 14 palců nebo 35 cm dlouhé) a zamlžte povrch každého listu sprejem na vaření.
d) Klobásovo-zeleninovou směs rovnoměrně rozdělte na připravené alobalové pláty a navršte je do středu uprostřed. Na každý kopeček rozetřete několik plátků másla a složte a zalepte fólii do balíčků.
e) Položte balíčky na rošt. Grilujte asi 35 minut, pakety každých 10 minut otáčejte, aby byly propečené. Přeneste alobalové balíčky na plech a při otevírání buďte opatrní, protože budou plné páry. Zelenina je hotová, když se brambory snadno propíchají vidličkou.
f) Před podáváním každý balíček ozdobte petrželkou.

42. Opékané bifteky s bylinkovou omáčkou

SLOŽENÍ:
NA OMÁČKU
- 1 šalotka, nakrájená na plátky
- ½ šálku (30 g) balené čerstvé petrželky
- 2 polévkové lžíce (6 g) nasekané čerstvé pažitky
- 4 snítky tymiánu, oloupané listy
- 2 stroužky česneku, nakrájené na plátky
- Kóšer sůl
- Mletý černý pepř
- Olivový olej, na pokapání

NA STEAKY
- 2 (1 libra nebo 454 g, 1 až 1 ½ palce nebo 2 až 3,5 cm, silné) rib-eye steaky
- Kóšer sůl
- Mletý černý pepř

INSTRUKCE:
a) Připravte si rozpálený dvouzónový oheň na ohništi s grilovacím roštem nad uhlíky.

NA PŘÍPRAVU OMÁČKY:
b) Doprostřed velkého prkénka navršte šalotku, petržel, pažitku, lístky tymiánu a česnek. Jemně je nasekejte, nožem seškrábejte a spojte, aby se chutě spojily. Posypte vydatnou špetkou soli a pepře. Zakápněte olivovým olejem a špičkou nože promíchejte hromadu aromatických látek a bylinek. Nechte stranou, dokud nebude potřeba.

NA VÝROBU STEAKŮ:
c) Steaky z obou stran bohatě osolte a opepřete.

d) Steaky naaranžujte na přímém ohni. Grilujte nerušeně 4 až 5 minut. Steaky sledujte, protože odkapávající tuk může způsobit vzplanutí. Buďte připraveni je v případě potřeby přesunout na chladnější stranu grilu. Jakmile plameny utichnou, přesuňte steaky zpět na přímé teplo a dovařte.

e) Steaky otočte a grilujte dalších 4 až 5 minut, dokud teploměr s okamžitým odečtem zasunutý do nejtlustší části masa nedosáhne 125 °F (52 °C) pro medium-rare.

NA DOKONČENÍ OMÁČKY:
f) Přeneste steaky na prkénko a položte je na aromatické látky a bylinky.

g) Necháme 5 minut odpočinout, aby teplo zesílilo chutě. Nakrájejte steak proti srsti. Pomocí kleští promíchejte steaky s bylinkovou omáčkou.

h) Rozdělte na stejné porce a podávejte.

43. Krůtí pečený na bylinkách s brusinkovou omáčkou

SLOŽENÍ:

- 12–15 liber (5,4–6,8 kg) celé krůty, rozmražené, pokud jsou zmrazené
- ½ šálku nesoleného másla, rozpuštěného
- Čerstvé bylinky (jako je rozmarýn, tymián a šalvěj), nasekané
- Sůl a pepř
- Brusinková omáčka

INSTRUKCE:

a) Předehřejte troubu na 325 °F (165 °C).
b) Krůtu opláchněte pod studenou vodou a osušte papírovou utěrkou.
c) Položte krůtu na rošt v pekáči.
d) V malé misce smíchejte rozpuštěné máslo, nasekané bylinky, sůl a pepř.
e) Směsí s bylinkovým máslem potřete celé krůtí maso a ujistěte se, že je rovnoměrně potaženo.
f) Krůtu pečte v předehřáté troubě podle pokynů pro dobu pečení podle hmotnosti vašeho krocana. Obecně se doporučuje vařit krůtu asi 13-15 minut na libru (30-35 minut na kilogram). Použijte teploměr na maso, abyste zajistili, že vnitřní teplota nejtlustší části krůty dosáhne 165 °F (74 °C).
g) Po upečení vyjměte krocana z trouby a nechte ho 20–30 minut odpočinout, než ho vykrajujete a podáváte s brusinkovou omáčkou.

44. Medově glazovaná šunka s Ananasovým Kompotem

SLOŽENÍ:
- 1 plně uvařená šunka s kostí (8-10 liber)
- 1 šálek medu
- ½ šálku hnědého cukru
- ¼ šálku dijonské hořčice
- 2 lžíce jablečného octa
- Celý hřebíček na ozdobu
- Kořeněný ananasový kompot

INSTRUKCE:
a) Předehřejte si troubu podle návodu na obalu šunky.
b) Umístěte šunku na rošt do velkého pekáčku.
c) V malém hrnci smíchejte med, hnědý cukr, dijonskou hořčici a jablečný ocet. Směs zahřívejte na středním plameni a míchejte, dokud se ingredience dobře nespojí a cukr se nerozpustí.
d) Ostrým nožem narýhujte povrch šunky do kosočtvercového vzoru.
e) To pomůže glazuře proniknout do masa.
f) Potřete asi polovinou polevy po celém povrchu šunky, dejte pozor, aby se dostala do rýhovaných zářezů.
g) Do šunky vložte celé hřebíčky pro větší chuť a dekorativní nádech.
h) Pečte šunku v předehřáté troubě podle pokynů na obalu, obvykle asi 15–20 minut na libru, nebo dokud vnitřní teplota nedosáhne 60 °C.
i) dokončením šunky potřeme povrch šunky zbývající polevou.
j) Po upečení vyjměte šunku z trouby a před krájením ji nechte několik minut odpočinout.
k) Podávejte s kořeněným ananasovým kompotem.

ZAHRADNÍ-ČERSTVÉ SALÁTY

45.Grilovaná panzanella

SLOŽENÍ:
NA SALÁT
- 1 libra (454 g) míchaných rajčat
- 1 lžička košer soli plus další na dochucení
- 2 cukety, rozpůlené podélně
- 2 papriky jakékoli barvy nebo směsi, oříznuté, zbavené jádřinců a rozpůlené podélně
- 1 kulatý lilek, nakrájený příčně na 2,5 cm plátky
- 1 červená cibule, nakrájená příčně na 2,5 cm plátky
- Olivový olej ve spreji pro přípravu zeleniny
- Mletý černý pepř
- 1 bochník řemeslného chleba, rozpůlený vodorovně (jako na velký sendvič)
- ½ šálku (18 g) balených čerstvých lístků bazalky, nasekaných

NA OBLIEKÁNÍ
- ½ šálku (120 ml) olivového oleje
- 2 polévkové lžíce (18 g) kapar, okapané
- 2 stroužky česneku, nasekané
- 2 polévkové lžíce (30 ml) červeného vinného octa
- 1 polévková lžíce (15 g) dijonské hořčice
- ½ lžičky košer soli
- ¼ lžičky mletého černého pepře

INSTRUKCE:
NA VÝROBU SALÁTU:
a) Připravte středně horký jednostupňový oheň v ohništi s grilovacím roštem nad uhlíky.

b) Rajčata rozpulte (pokud používáte cherry rajčata) nebo nakrájejte na ½ palce (1 cm) klínky (pokud používáte rajčata na plátky). Rajčata dejte do misky dostatečně velké, aby se do ní vešel salát. Rajčata smícháme se solí. Dát stranou.

c) Cuketu, papriku, lilek a červenou cibuli rozprašte sprejem na vaření. Obě strany dochuťte solí a pepřem.

d) Zeleninu rozložte na rošt. Grilujte 4 až 6 minut z každé strany, dokud nezměkne a lehce zuhelnatí. Po dokončení vyjměte každou zeleninu a přeneste ji na prkénko.

e) Potřete obě strany půlek chleba sprejem na vaření. Uložte chléb na rošt. Grilujte do hnědé a křupavé, 30 sekund až 1 minutu na každou stranu.
f) Grilovanou zeleninu nakrájejte na kousky a přidejte do mísy s rajčaty.
g) Chléb nakrájejte na 2,5 cm (1 palec) kousky. Přidejte 6 vrchovatých šálků (225 g) chleba spolu s bazalkou do mísy a promíchejte, aby se spojily. (Veškerý zbývající chléb si nechejte pro další použití.)

NA VÝROBU DRESINKU:
h) V malé misce rozšlehejte olivový olej, kapary, česnek, ocet, hořčici, sůl a pepř, dokud se dobře nespojí. Salát přelijte třemi čtvrtinami zálivky a promíchejte, aby se obalil.
i) Salát necháme alespoň 15 minut uležet, aby chléb nasál všechny chutě ze zálivky a zeleniny. Ochutnejte a v případě potřeby přidejte další dresink.

46.Salát z pečené cizrny a granátového jablka

SLOŽENÍ:
- 1 x 400 g konzervy cizrny, scezené
- Lehký kuchyňský olej ve spreji, olivový olej
- 150 g divoké rýže s basmati nebo dlouhozrnnou rýží
- 1 lžička mletého kmínu
- 120 g míchaných salátových listů
- 20 cm okurka, nakrájená na kostičky
- 1 červená nebo žlutá paprika, nakrájená na plátky
- 4 jarní cibulky, nakrájené nadrobno
- 80 g semínek granátového jablka

NA DRESEK:
- 4 lžíce bílého vinného octa
- 2 lžíce olivového oleje
- ½ pomeranče, pouze šťáva

INSTRUKCE:
a) Troubu předehřejte na 210°C/horkovzdušnou na 190°C.
b) Pro přípravu pečené cizrny opláchněte cizrnu pod studenou tekoucí vodou. Osušte je čistou utěrkou nebo papírovou kuchyňskou rolkou. Poté je rovnoměrně rozprostřete na vymazaný plech a potřete olejem ve spreji. Před opékáním po dobu 20–30 minut je jemně promíchejte, abyste se ujistili, že jsou rovnoměrně potažené – po 10 minutách znovu jemně promíchejte, aby se rovnoměrně uvařily.
c) Mezitím uvařte rýži podle návodu na obalu – do vody na vaření není třeba přidávat sůl. Před sestavením salátu sceďte a nechte vychladnout .
d) Jakmile je cizrna zlatavá a lehce křupavá, vyjměte ji z trouby, posypte mletým kmínem a promíchejte.
e) Přidejte ingredience na zálivku do těsně uzavíratelného hrnce, jako je hrnec Tupperware nebo sklenice na zavařování. Pevně nasaďte víko a důkladně protřepejte.
f) Smíchejte listy salátu s rýží a ostatní zeleninou. Poté přidejte dresink a znovu promíchejte.
g) Navrch dejte opečenou cizrnu a granátové jablko a podávejte.

47. Středomořský quinoa salát

SLOŽENÍ:
- 2 šálky uvařené quinoy, vychladlé
- 1 šálek cherry rajčat, napůl
- 1 šálek okurky, nakrájené na kostičky
- 1/2 šálku červené cibule, jemně nakrájené
- 1/2 šálku oliv Kalamata, zbavených pecek a nakrájených na plátky
- 1/2 šálku rozdrobeného sýra feta
- 1/4 šálku čerstvé petrželky, nasekané
- 3 lžíce olivového oleje
- 1 lžíce citronové šťávy
- Sůl a pepř na dochucení

INSTRUKCE:
a) Ve velké míse smíchejte uvařenou quinou, cherry rajčata, okurku, červenou cibuli, olivy Kalamata a rozdrobený sýr feta.

b) V malé misce smíchejte olivový olej, citronovou šťávu, sůl a pepř, abyste vytvořili dresink.

c) Zálivkou přelijte salát a promíchejte, dokud není vše dobře obalené.

d) Před podáváním ozdobte čerstvou petrželkou.

48.Salát s broskví a burrata

SLOŽENÍ:
- 4 zralé broskve, nakrájené na plátky
- 8 uncí sýr burrata
- Hrst rukoly nebo smíšené zeleniny
- 1/4 šálku lístků bazalky, natrhané
- 2 lžíce olivového oleje
- 1 lžíce balzamikové glazury
- Sůl a čerstvě mletý černý pepř podle chuti
- Volitelně: opečené piniové oříšky nebo mandle ke křupání

INSTRUKCE:
a) Na velký servírovací talíř naaranžujte rukolu nebo směs zeleniny.
b) Nakrájené broskve rozložte na zelí.
c) Burratu natrhejte na kousky a rozdělte na salát.
d) Pokapejte olivovým olejem a balzamikovou polevou.
e) Dochuťte solí a pepřem.
f) Ozdobte natrhanými lístky bazalky a podle potřeby posypte opečenými ořechy pro větší texturu.
g) Ihned podávejte a vychutnejte si krémovou svěžest burraty se sladkými broskvemi.

49. Salát z vodního melounu, fety a máty

SLOŽENÍ:
- 4 šálky nakrájeného melounu, chlazeného
- 1 šálek sýra feta, rozdrobený
- 1/2 šálku čerstvých lístků máty, nahrubo natrhaných
- 2 lžíce olivového oleje
- 1 lžíce limetkové šťávy
- Sůl a drcený černý pepř podle chuti
- Volitelně: na tenké plátky nakrájená červená cibule nebo okurka pro extra křupavost

INSTRUKCE:
a) Ve velké misce smíchejte nakrájený meloun, rozdrobenou fetu a natrhané lístky máty.
b) Pokapejte olivovým olejem a limetkovou šťávou a jemně promíchejte, aby se obalil.
c) Dochuťte solí a pepřem podle chuti.
d) Pokud používáte, přidejte nakrájenou červenou cibuli nebo okurku pro další texturu a chuťovou vrstvu.
e) Chlaďte, dokud nebudete připraveni k podávání. Tento salát si nejlépe vychutnáte studený a nabízí osvěžující a hydratační stránku, která je ideální pro horké dny.

STRANY AL FRESCO

50.Čínský Styl Tofu V Salátových Zábalech

SLOŽENÍ:
- 1 stroužek česneku, nakrájený nadrobno
- 2 cm kořen zázvoru, oloupaný a nastrouhaný
- 4 lžíce hoisin omáčky
- 2 lžíce sójové omáčky se sníženým obsahem soli
- 2 lžíce rýžového vinného octa
- 2 lžičky limetkové šťávy
- 450 g tofu, lisované (v případě potřeby)
- 1 x 225g plechovka vodních kaštanů, okapaných a nasekaných nadrobno
- 2 červené papriky, nakrájené nadrobno
- 4 jarní cibulky, nakrájené nadrobno
- Lehký olej na vaření ve spreji
- 12 vnějších listů z hlávkového salátu, omytých

INSTRUKCE:

a) Chcete-li připravit marinádu, přidejte česnek, zázvor, omáčku hoisin, sójovou omáčku, ocet a limetkovou šťávu do velké mísy a promíchejte.

b) Tofu nakrájejte na kostičky a přidejte do marinády s kaštany, červenou paprikou a jarní cibulkou. Důkladně promíchejte, aby se obalil. Zakryjte a dejte do chladničky alespoň na 1 hodinu.

c) Velkou pánev potřete olejem ve spreji a zahřejte na vysokou teplotu. Marinované tofu a zeleninu přendejte do pánve a nepřetržitě míchejte asi 6–8 minut, nebo dokud paprika nezměkne.

d) středu každého z listů salátu přidejte lžíci tofu a zeleniny a podávejte.

51. Nakládané Jalapeños

SLOŽENÍ:
- ½ šálku (120 ml) destilovaného bílého octa
- ½ šálku (120 ml) vody
- 2 polévkové lžíce (25 g) cukru
- 1 polévková lžíce (18 g) košer soli
- 1 stroužek česneku, nakrájený na tenké plátky
- ½ lžičky sušeného oregana
- 1½ šálku (135 g) nakrájených papriček jalapeňos

INSTRUKCE:

a) V malém hrnci na středně vysokém ohni smíchejte ocet, vodu, cukr, sůl, česnek a oregano. Solanku přiveďte k varu a míchejte, dokud se cukr a sůl nerozpustí. Sundejte z plotny.

b) K jalapeňos si přibalte půllitrovou sklenici (480 ml). Nalijte solný roztok, abyste naplnili sklenici. Lžící naklepejte jalapeňos, abyste je ponořili do nálevu.

c) Jemně přejeďte nožem po vnitřním okraji sklenice, abyste uvolnili všechny zachycené vzduchové bubliny.

d) Sklenici uzavřete víčkem a dejte přes noc do lednice, aby se chutě rozvinuly. Nakládané jalapeňos vydrží v chladu až 3 měsíce.

52. Sladké brambory s Sriracha - Javorová glazura

SLOŽENÍ:
- Olivový olej ve spreji pro přípravu hliníkové fólie
- 3 sladké brambory (asi 1½ libry nebo 681 g), nakrájené na 2,5 cm kousky
- Kóšer sůl
- 2 lžíce (28 g) másla nakrájené na malé kousky
- 2 polévkové lžíce (30 ml) javorového sirupu
- 2 lžičky sriracha
- ⅓ šálku (37 g) nasekaných vlašských ořechů

INSTRUKCE:
a) Připravte středně horký jednostupňový oheň v grilu na dřevěné uhlí nebo ohništi s grilovacím roštem nad uhlíky.

b) Změřte dva listy odolné hliníkové fólie (alespoň 16 palců nebo 40 cm dlouhé) a povrch lehce postříkejte sprejem na vaření.

c) Sladké brambory rozdělte na dva připravené pláty a navršte je do středu. Sladké brambory postříkejte sprejem na vaření, dochuťte solí a potřete máslem. Složte a zalepte fólii do balíčků.

d) Položte balíčky na rošt. Grilujte 20 až 25 minut, dokud sladké brambory nezměknou, přičemž balíčky každých 5 až 10 minut otáčejte, aby se uvařily rovnoměrně.

e) Mezitím v malé misce smíchejte javorový sirup a srirachu, dokud se nespojí.

f) Přeneste alobalové balíčky na plech a při otevírání buďte opatrní, protože budou plné páry. Batáty pokapejte směsí javorového sirupu, posypte vlašskými ořechy a jemně promíchejte, aby se obalily.

53. Noky s česnekovým máslem A žampiony

SLOŽENÍ:
- 20 uncí (569 g) čerstvých noků
- 12 uncí (340 g) cremini houby, nakrájené na čtvrtiny
- Olivový olej, na pokapání
- 4 stroužky česneku, nasekané
- 1 lžička košer soli
- ½ lžičky vloček červené papriky
- ¼ lžičky mletého černého pepře
- Olivový olej ve spreji pro přípravu hliníkové fólie
- 1 šálek (240 ml) kuřecího vývaru nebo ½ šálku (120 ml) kuřecího vývaru a ½ šálku (120 ml) suchého bílého vína
- 4 polévkové lžíce (½ tyčinky nebo 56 g) másla nakrájené na plátky
- Jemně nakrájená čerstvá petrželka, na ozdobu

INSTRUKCE:
a) Připravte si rozžhavený jednopatrový oheň v ohništi nebo grilu na dřevěné uhlí s grilovacím roštem přes uhlí.

b) Ve velké míse smíchejte noky a houby. Bohatě zakápněte olivovým olejem. Přidejte česnek, sůl, vločky červené papriky a černý pepř a míchejte, dokud se obalí.

c) Změřte čtyři listy odolné hliníkové fólie (alespoň 14 palců nebo 35 cm dlouhé) a postříkejte povrch každého listu sprejem na vaření.

d) Do středu každého připraveného alobalu navršte stejnou část směsi noků a hub. Přeložte všechny čtyři strany nahoru na každý plát (jako byste dělali misku) a do každého balíčku nalijte ¼ šálku (60 ml) kuřecího vývaru. Navrch každého rozetřete několik kousků másla a složte a utěsněte fólii do balíčků.

e) Položte balíčky na rošt. Grilujte asi 15 minut a každých 5 minut otočte, aby bylo vaření rovnoměrné. Přeneste alobalové balíčky na plech a při otevírání buďte opatrní, protože budou plné páry.

54.Cedrové prkno Plněná rajčata

SLOŽENÍ:
- 8 zralých, ale pevných rajčat (asi 4 unce, nebo 115 g každé, nebo 2 libry, nebo 908 g celkem), nejlépe s připojenými stonky
- ½ šálku (25 g) jemné čerstvé strouhanky z jednodenního chleba
- ½ šálku (60 g) strouhaného sýra Gruyère a další na posypání
- ½ šálku (35 g) jemně nasekaných křemenových hub
- ½ šálku (80 g) mleté šalotky
- 2 polévkové lžíce (8 g) nasekané čerstvé petrželky
- 2 polévkové lžíce (5 g) mleté čerstvé bazalky
- 2 stroužky česneku, nasekané
- 1 lžička mletého čerstvého tymiánu
- ½ lžičky košer soli
- ¼ lžičky mletého černého pepře
- 2 polévkové lžíce (30 ml) olivového oleje a další na pokapání

INSTRUKCE:
a) Před grilováním namočte cedrové prkno alespoň na 1 hodinu do vody.

b) Připravte středně horký dvouzónový oheň v grilu na dřevěné uhlí s grilovacím roštem přes uhlíky.

c) Pomocí odřezávacího nože odřízněte horní ½ palce (1 cm) z každého rajčete, vrchní část si ponechte a vyřízněte jádro. Lžící vydlabejte vnitřnosti a nechte 1 cm silnou skořápku. Šťávy, semínka a dužinu pro přípravu marinarové omáčky si na této stránce uschovejte, nebo je vyhoďte. Rozložte rajčata (s přiloženými vršky) na plech a dejte stranou.

d) Ve střední misce smíchejte strouhanku, gruyère, houby, šalotku, petržel, bazalku, česnek, tymián, sůl, pepř a olivový olej. Každé rajče naplňte 3 až 4 lžícemi (18 až 24 g) strouhankové směsi a posypte gruyère. Vršky položte zpět na rajčata jako kloboučky a pokapejte olivovým olejem.

e) Předehřejte prkno, dokud nezačne kouřit. Otočte desku a přesuňte ji na nepřímé teplo. Rozložte rajčata na prkno a zavřete víko grilu. Grilujeme asi 30 minut, dokud rajčata nezměknou, náplň nezezlátne a sýr se rozpustí.

SLADKÉ DOBRY

55. Grilované hrušky se skořicí Crème Fraîche

SLOŽENÍ:
- 2 lžíce medu
- 2 lžičky mleté skořice
- 1 šálek (227 g) crème fraîche
- 4 hrušky, rozpůlené a zbavené jádřinců

INSTRUKCE:
a) Připravte gril na středně vysokou teplotu.
b) Mezitím vmíchejte med a skořici do crème fraîche (přímo v nádobě pro snadné čištění), dokud se dobře nespojí.
c) Vložte hrušky na gril a opékejte 3 až 5 minut, jednou otočte, dokud hrušky nezměknou s dobrými grilovacími stopami.
d) Každou hrušku podávejte s kopečkem slazeného crème fraîche .

56.Nanuky z mraženého jogurtu

SLOŽENÍ:
- 1 hrnek řeckého jogurtu
- 1 šálek smíchaných bobulí (jako jsou jahody, borůvky a maliny)
- 2 lžíce medu
- Formičky na nanuky

INSTRUKCE:
a) V mixéru smíchejte řecký jogurt, rozmixované bobule a med.
b) Rozmixujte do hladka.
c) Směs nalijte do formiček na nanuky .
d) vložte tyčinky od nanuků .
e) Zmrazte alespoň na 4 hodiny nebo do úplného ztuhnutí.
f) Vyjměte nanuky z forem a vychutnejte si tyto mražené dobroty u bazénu.

57.Sladké karamelizované fíky a broskve

SLOŽENÍ:
- 2 lžíce másla
- 2 polévkové lžíce baleného hnědého cukru
- 4 střední fíky, rozpůlené podélně
- 2 střední broskve, vypeckované a nakrájené na plátky

INSTRUKCE:
a) V malém hrnci na středním plameni rozpustíme máslo. Přidejte cukr a míchejte, dokud směs nezpění a nezezlátne, asi 2 minuty.
b) Přidejte fíky a broskve a promíchejte, aby se obalily. Vařte, dokud ovoce nezačne měknout a pouštět šťávu, asi 3 minuty za občasného míchání.
c) Ovoce rozdělte na servírovací talíře, na ovoce nalijte polevu.

58. Prkenné Hrušky S Gorgonzolou A Medem

SLOŽENÍ:
- 1 polévková lžíce (14 g) másla při pokojové teplotě
- 1 polévková lžíce (20 g) medu
- 2 hrušky, rozpůlené podélně a zbavené jádřinců (viz poznámka)
- ¼ šálku (30 g) rozdrobeného sýra Gorgonzola

INSTRUKCE:
a) Před grilováním namočte cedrové prkno alespoň na 1 hodinu do vody.
b) Připravte středně horký dvouzónový oheň v grilu na dřevěné uhlí s grilovacím roštem přes uhlíky.
c) V malé misce smíchejte máslo a med, dokud se dobře nespojí. Nakrájené strany hrušek bohatě potřete máslovou směsí a navrch posypte Gorgonzolou.
d) Předehřejte prkno, dokud nezačne kouřit. Otočte desku a přesuňte ji na nepřímé teplo. Položte hrušky na prkno a zavřete víko grilu. Restujte asi 25 minut, dokud hrušky nezměknou a nepřipálí se po okrajích.

59. Soubory cookie

SLOŽENÍ:
- 2 ¼ šálků univerzální mouky
- ½ lžičky jedlé sody
- ½ lžičky soli
- 1 šálek nesoleného másla, změkčeného
- ¾ šálku krystalového cukru
- ¾ šálku baleného hnědého cukru
- 2 velká vejce
- 1 lžička vanilkového extraktu
- Volitelné: Potravinářské barvivo, jedlé květiny nebo dekorativní posypy pro zahradní motiv

INSTRUKCE:
a) Předehřejte troubu na 350 °F (175 °C). Plechy vyložte pečicím papírem.
b) Ve střední míse smíchejte mouku, jedlou sodu a sůl. Dát stranou.
c) Ve velké míse ušlehejte změklé máslo, krystalový cukr a hnědý cukr, dokud nebudou světlé a nadýchané.
d) Jedno po druhém zašlehejte vejce a poté vmíchejte vanilkový extrakt.
e) Postupně přidávejte suché ingredience k mokrým a míchejte, dokud se nespojí. Nepřemíchávejte.
f) Pokud chcete, rozdělte těsto na sušenky na části a do každé přidejte potravinářské barvivo a míchejte, dokud se barva rovnoměrně nerozloží.
g) Zaoblené lžíce těsta na sušenky dejte na připravené plechy na pečení ve vzdálenosti asi 2 cm od sebe.
h) Je-li to žádoucí, jemně přitiskněte jedlé květy na povrch sušenek nebo posypte ozdobným posypem navrch, abyste zvýraznili motiv.
i) Sušenky pečte v předehřáté troubě 10–12 minut, nebo dokud okraje nezezlátnou. Středy se mohou stále zdát mírně měkké, ale chladnutím zpevní.
j) Vyjměte plechy z trouby a nechte sušenky na plechu 5 minut vychladnout. Poté je přendejte na mřížky, aby úplně vychladly.
k) Po vychladnutí podávejte sušenky na talíři nebo je zabalte do ozdobných krabiček či sáčků, aby si je hosté mohli vychutnat.

60.Zmrzlinové poháry

SLOŽENÍ:
- Různé příchutě zmrzliny
- Různé polevy (např. čokoládová omáčka, karamelová omáčka, sypání, ořechy, šlehačka, třešně)

INSTRUKCE:
a) Naberte si zmrzlinu podle svého výběru do misek nebo kornoutů.
b) Postavte si polevou stanici s různými miskami obsahujícími různé polevy.
c) Umožněte hostům vytvořit si zmrzlinové poháry přidáním požadovaných zálivek.

61. Ananasový dort vzhůru nohama

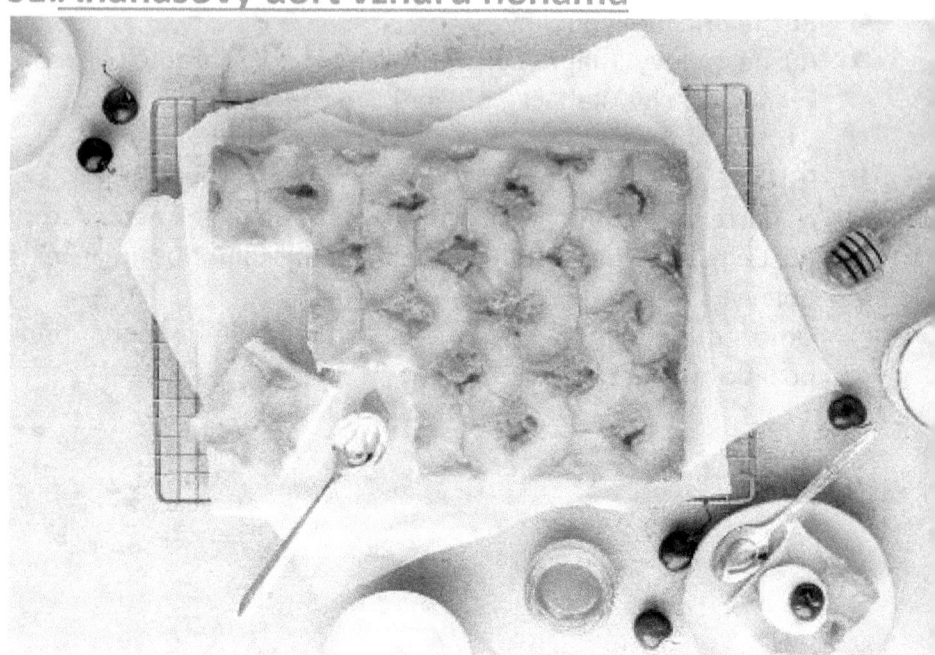

SLOŽENÍ:
- ½ šálku nesoleného másla
- 1 šálek baleného hnědého cukru
- 1 plechovka (20 uncí) plátky ananasu, okapané
- Maraschino třešně, na polevu (volitelné)
- 1 ½ šálku univerzální mouky
- 1 ½ lžičky prášku do pečiva
- ¼ lžičky soli
- ¾ šálku krystalového cukru
- ½ šálku mléka
- ¼ šálku ananasové šťávy (rezervované z konzervovaného ananasu)
- 2 lžičky vanilkového extraktu
- 2 velká vejce

INSTRUKCE:
a) Předehřejte troubu na 350 °F (175 °C).
b) Rozpusťte máslo v 9palcové kulaté dortové formě nebo litinové pánvi na mírném ohni.
c) Na rozpuštěné máslo rovnoměrně posypeme hnědým cukrem.
d) Plátky ananasu položte na hnědý cukr a do středu každého ananasového plátku umístěte třešeň maraschino, pokud si to přejete.
e) Ve střední míse smíchejte mouku, prášek do pečiva a sůl.
f) V samostatné velké míse šlehejte dohromady krystalový cukr, mléko, ananasový džus, vanilkový extrakt a vejce, dokud se dobře nespojí.
g) Postupně přidávejte suché ingredience k mokrým a míchejte, dokud se nespojí.
h) Těsto nalijte na plátky ananasu v dortové formě a rovnoměrně ho rozetřete.
i) Pečte v předehřáté troubě asi 40-45 minut, nebo dokud párátko zapíchnuté do středu koláče nevyjde čisté.
j) Koláč vyndejte z trouby a nechte 10 minut vychladnout ve formě.
k) Na dortovou formu položte servírovací talíř dnem vzhůru a opatrně vyklopte dort na talíř.
l) Zvedněte pánev a odkryjte ananasovou polevu.
m) Před podáváním nechte koláč úplně vychladnout.

62. Kokosové makronky

SLOŽENÍ:

- 3 hrnky strouhaného kokosu (slazeného nebo neslazeného)
- ¾ šálku slazeného kondenzovaného mléka
- 2 lžičky vanilkového extraktu
- 2 velké bílky
- Špetka soli
- Volitelné: Čokoláda na pokapání nebo namáčení (rozpuštěná)

INSTRUKCE:

a) Předehřejte troubu na 325 °F (160 °C) a vyložte plech pečicím papírem.
b) Ve velké míse smíchejte strouhaný kokos, slazené kondenzované mléko a vanilkový extrakt. Míchejte, dokud se dobře nespojí.
c) V samostatné misce ušlehejte bílky a sůl, dokud se nevytvoří tuhé špičky.
d) Jemně vmíchejte vyšlehané bílky do kokosové směsi, dokud se rovnoměrně nespojí.
e) Pomocí polévkové lžíce nebo odměrky na sušenky nasypte na připravený plech kulaté kopečky směsi a oddělte je od sebe.
f) Pečte v předehřáté troubě asi 18-20 minut, nebo dokud makronky nejsou na okrajích zlatavě hnědé.
g) Makronky vyndejte z trouby a nechte je pár minut vychladnout na plechu.
h) Volitelné: Pokud chcete, rozpusťte trochu čokolády a pokapejte jí vychladlé makronky nebo namáčejte spodky makronek v rozpuštěné čokoládě.
i) Před podáváním nechte čokoládu ztuhnout.

63. Čokoládový šifonový dort

SLOŽENÍ:
- 1 ¾ šálku univerzální mouky
- 1 ½ šálku krystalového cukru
- ¾ šálku neslazeného kakaového prášku
- 1 ½ lžičky prášku do pečiva
- 1 lžička jedlé sody
- ½ lžičky soli
- ½ šálku rostlinného oleje
- 7 velkých vajec, oddělených
- 1 šálek vody
- 1 lžička vanilkového extraktu
- ½ lžičky tatarského krému

NA ČOKOLÁDOVOU ŠLEHAČKU:
- 2 šálky husté smetany, studené
- ½ šálku moučkového cukru
- ¼ šálku neslazeného kakaového prášku
- 1 lžička vanilkového extraktu

VOLITELNÁ OBLOŽENÍ:
- Čokoládové hobliny
- Čerstvé bobule

INSTRUKCE:
NA ČOKOLÁDOVÝ ŠIFONOVÝ DORT:
a) Předehřejte troubu na 170 °C (340 °F) a 10palcovou trubkovou formu vymažte tukem a moukou.
b) Ve velké míse prošlehejte mouku, krupicový cukr, kakaový prášek, prášek do pečiva, jedlou sodu a sůl.
c) Uprostřed suchých surovin udělejte důlek a přidejte rostlinný olej, žloutky, vodu a vanilkový extrakt. Šlehejte, dokud nebude hladká a dobře spojená.
d) V samostatné misce ušlehejte bílky a tatarskou smetanu elektrickým šlehačem, dokud se nevytvoří tuhé špičky.
e) Ušlehané bílky opatrně vmíchejte do čokoládového těsta, dávejte pozor, abyste nepřemíchali.
f) Těsto nalijte do připravené formy a povrch uhlaďte stěrkou.

g) Pečte v předehřáté troubě asi 45-50 minut, nebo dokud párátko zapíchnuté do středu koláče nevyjde čisté.
h) Vyjměte koláč z trouby a překlopte formu na mřížku, aby zcela vychladla. To pomáhá dortu udržet jeho výšku a zabraňuje jeho zborcení.

NA ČOKOLÁDOVOU ŠLEHAČKU:
i) Ve vychlazené míse ušlehejte smetanu, moučkový cukr, kakaový prášek a vanilkový extrakt, dokud se nevytvoří tuhé vrcholy.
j) Dávejte pozor, abyste nepřešlehali, protože to může změnit smetanu na máslo.

SHROMÁŽDĚNÍ:
k) Jakmile čokoládový šifonový dort úplně vychladne, přejeďte nožem po okrajích formy, aby se dort uvolnil. Vyjměte ji z pánve a položte na servírovací talíř.
l) Čokoládovou šlehačkovou polevu rozetřete na vršek a boky dortu a pomocí stěrky vytvořte hladkou a rovnoměrnou vrstvu.
m) Volitelné: Ozdobte dort čokoládovými hoblinkami a čerstvým ovocem pro extra nádech elegance.
n) Čokoládový šifonový dort nakrájejte a podávejte a vychutnejte si jeho lehkou a čokoládovou dobrotu.

64. Klasický dýňový koláč

SLOŽENÍ:
- 1 ½ šálku konzervovaného dýňového pyré
- ¾ šálku krystalového cukru
- ½ lžičky soli
- 1 lžička mleté skořice
- ½ lžičky mletého zázvoru
- ¼ lžičky mletého hřebíčku
- 2 velká vejce
- 1 plechovka (12 uncí) odpařeného mléka
- 1 nepečená 9palcová koláčová kůra

INSTRUKCE:
a) Předehřejte troubu na 425 °F (220 °C).
b) V míse smíchejte dýňové pyré, krystalový cukr, sůl, skořici, zázvor, hřebíček, vejce a odpařené mléko. Dobře promíchejte, dokud nebude hladká.
c) Nalijte dýňovou směs do nepečeného koláče a rovnoměrně ji rozetřete.
d) Koláč položíme na plech a přendáme do předehřáté trouby.
e) Pečte 15 minut při 425 °F (220 °C).
f) Snižte teplotu trouby na 350 °F (175 °C) a pokračujte v pečení dalších 40–50 minut nebo dokud střed neztuhne a párátko zapíchnuté do náplně nevyjde čisté.
g) Koláč vyndejte z trouby a nechte zcela vychladnout na mřížce.
h) Po vychladnutí dejte koláč před podáváním alespoň na 2 hodiny do lednice.

65. Perníčky

SLOŽENÍ:
- 3 hrnky univerzální mouky
- 1 lžička jedlé sody
- ¼ lžičky soli
- 2 lžičky mletého zázvoru
- 1 ½ lžičky mleté skořice
- ½ lžičky mletého hřebíčku
- ½ šálku nesoleného másla, změkčeného
- ½ šálku baleného hnědého cukru
- ½ šálku melasy
- 1 velké vejce
- 1 lžička vanilkového extraktu

INSTRUKCE:
a) Ve střední míse smíchejte mouku, jedlou sodu, sůl, zázvor, skořici a hřebíček. Dát stranou.
b) Ve velké míse ušlehejte změklé máslo a hnědý cukr, dokud nebudou světlé a nadýchané.
c) Do máslové směsi přidejte melasu, vejce a vanilkový extrakt. Šlehejte, dokud se dobře nespojí.
d) Postupně přidávejte suché ingredience k mokrým a po každém přidání dobře promíchejte, dokud nevznikne těsto.
e) Těsto rozdělte na poloviny a z každé vytvarujte kotouč. Zabalte je do igelitu a dejte do lednice alespoň na 1 hodinu.
f) Předehřejte troubu na 350 °F (175 °C) a plechy vyložte pečicím papírem.
g) Na lehce pomoučeném povrchu vyválejte jeden kotouč těsta na tloušťku přibližně ¼ palce.
h) Pomocí vykrajovátek na cukroví vykrajujte tvary z vyváleného těsta a přeneste je na připravené plechy, přičemž mezi jednotlivými sušenkami ponechejte určitý prostor.
i) Shromážděte odřezky, těsto znovu vyválejte a pokračujte ve vykrajování sušenek, dokud nespotřebujete všechno těsto.
j) Sušenky pečte v předehřáté troubě 8–10 minut nebo dokud okraje nezezlátnou.
k) Vyjměte plechy z trouby a nechte sušenky na plechu několik minut vychladnout, než je přenesete na mřížky, aby úplně vychladly.
l) Jakmile jsou sušenky zcela vychladlé , můžete je ozdobit polevou, posypem nebo jinými požadovanými ozdobami.

66. Narozeninový dort

SLOŽENÍ:
- 55 g másla, pokojové teploty [4 polévkové lžíce (½ tyčinky)]
- 60 g zeleninového tuku [⅓ šálku]
- 250 g krupicového cukru [1¼ šálku]
- 50 g světle hnědého cukru [3 polévkové lžíce pevně zabalené]
- 3 vejce
- 110 g podmáslí [½ šálku]
- 65 g hroznového oleje [⅓ šálku]
- 8 g čirého vanilkového extraktu [2 čajové lžičky]
- 245 g mouky na koláč [2 hrnky]
- 6 g prášku do pečiva [1½ lžičky]
- 3 g košer soli [¾ čajové lžičky]
- 50 g duhových posypů [¼ šálku]
- Pam nebo jiný nepřilnavý sprej na vaření (volitelné)
- 25 g duhových posypů [2 polévkové lžíce]

INSTRUKCE:
a) Zahřejte troubu na 350 °F.
b) Smíchejte máslo, tuk a cukry v míse stojanového mixéru vybaveného lopatkovým nástavcem a 2 až 3 minuty spolu na střední až vysoké teplotě. Seškrábněte stěny mísy, přidejte vejce a 2 až 3 minuty míchejte na středně vysokou teplotu. Ještě jednou seškrábněte stěny mísy.
c) Na nízkou rychlost přidejte podmáslí, olej a vanilku. Zvyšte rychlost mixéru na středně vysokou a 4 až 6 minut šlehejte, dokud není směs prakticky bílá, dvakrát větší než původní nadýchaná směs másla a cukru a zcela homogenní.
d) Při velmi nízké rychlosti přidejte mouku na koláč, prášek do pečiva, sůl a 50 g (¼ šálku) duhových posypů. Mixujte 45 až 60 sekund, dokud se těsto nespojí. Seškrábněte stěny mísy.
e) Pam-nastříkejte čtvrtinu plechové formy a vyložte ji pergamenem, nebo jen vyložte pánev Silpatem. Stěrkou rozprostřete dortové těsto v rovnoměrné vrstvě na pánev. Zbývajících 25 g (2 polévkové lžíce) duhové posypky rovnoměrně nasypeme na těsto.
f) Dort pečte 30 až 35 minut. Dort vykyne a nafoukne, zdvojnásobí svůj objem, ale zůstane lehce máslový a hustý. Nechte koláč v troubě dalších 3 až 5 minut, pokud neprojde těmito testy.
g) Koláč vyndejte z trouby a vychlaďte na mřížce.

RECEPTY NA UZENINKY

67. Klasická uzeninská deska

SLOŽENÍ:
- Různá uzená masa (jako je prosciutto, salám a coppa)
- Různé sýry (jako je čedar, brie a modrý sýr)
- Olivy a okurky
- Různé sušenky a chléb
- Čerstvé ovoce (hrozny, fíky a bobule)
- Ořechy (mandle, vlašské ořechy a kešu)
- Dipy (humus, hořčice a chutney)

INSTRUKCE:
a) Uspořádejte velkou dřevěnou desku nebo talíř.
b) Uzená masa srolujte nebo přeložte a položte na desku.
c) Sýry nakrájíme na kousky velikosti sousta a urovnáme je na desku.
d) Na desku přidejte olivy, okurky a dipy.
e) Vyplňte prázdná místa sušenkami, chlebem, čerstvým ovocem a ořechy.
f) Podávejte a užívejte si!

68. Středomořská mísa Mezze

SLOŽENÍ:
- Humus
- Tzatziki omáčka
- Baba ghanoush
- Pita chléb nebo pita chipsy
- Falafelové koule
- Vinné listy
- Cherry rajčata
- Plátky okurky
- olivy Kalamata
- Sýr feta
- Olivový olej a kolečka citronu (na pokapání)

INSTRUKCE:
a) Uspořádejte talíř nebo tác.
b) Na talíř položte misky hummusu, tzatziki omáčky a baba ghanoush .
c) Kolem misek přidejte pita chléb nebo pita chipsy.
d) Na talíř naaranžujte kuličky falafelu, hroznové listy, cherry rajčata, plátky okurky a olivy Kalamata.
e) Navrch rozdrobíme sýr feta.
f) Pokapejte olivovým olejem a na talíři vymačkejte kolečka citronu.
g) Podávejte a užívejte si!

69. Italský předkrmový talíř

SLOŽENÍ:
- Nakrájený prosciutto
- Nakrájená Soppressata
- Nakrájená mortadella
- Marinované artyčokové srdce
- Marinovaná pečená červená paprika
- Sušená rajčata
- Bocconcini (malé kuličky mozzarelly)
- Tyčinky
- Grissini (tyčinky zabalené v prosciuttu)
- Hobliny parmazánu
- Balsamico glazura (na pokapání)

INSTRUKCE:
a) Uspořádejte talíř nebo prkénko.
b) Nakrájené maso položte na talíř a podle potřeby je srolujte.
c) Na talíř přidejte marinovaná artyčoková srdce, pečenou červenou papriku a sušená rajčata.
d) Na talíř položte bocconcini a tyčinky.
e) Na talíř nasypte hobliny parmazánu.
f) Suroviny pokapeme balzamikovou polevou.
g) Podávejte a užívejte si!

70.Talíř na uzeniny inspirovaný Asií

SLOŽENÍ:
- Plátky vepřové pečeně nebo čínské grilované vepřové maso
- Nakrájená pečená kachna
- Nakrájená šunka
- Párky na asijský způsob
- Sójová omáčka
- Omáčka hoisin
- Nakládaná zelenina (mrkev, daikon a okurky)
- Pařené buchty nebo listy salátu
- Sriracha nebo chilli omáčka (volitelné)

INSTRUKCE:
a) Uspořádejte talíř nebo tác.
b) Nakrájené maso položte na talíř.
c) Sójovou omáčku a omáčku hoisin podávejte v malých miskách k namáčení.
d) Na talíř rozložte nakládanou zeleninu.
e) Pařené buchty nebo listy salátu podávejte bokem.
f) Volitelně poskytněte Sriracha nebo chilli omáčku pro přidání koření.
g) Podávejte a užívejte si!

71. Uzenářství inspirované francouzštinou

SLOŽENÍ:
- Různá uzená masa (jako je saucisson , jambon de Bayonne, paštika nebo rillettes)
- Francouzské sýry (jako je Brie, Camembert, Roquefort nebo Comté)
- Plátky bagety nebo francouzský chléb
- Cornichons (malé okurky)
- dijonská hořčice
- Olivy (například Niçoise nebo Picholine)
- Hrozny nebo plátky fíků
- Vlašské ořechy nebo mandle
- Čerstvé bylinky (například petržel nebo tymián) na ozdobu

INSTRUKCE:
a) Vyberte si velkou dřevěnou desku nebo talíř pro uspořádání svého uzenářství inspirovaného francouzštinou.
b) Začněte uspořádáním uzeného masa na tabuli. Srolujte nebo složte je a umístěte je do přitažlivého vzoru.
c) Francouzský sýr nakrájejte na plátky nebo měsíčky a položte je vedle uzeného masa.
d) Přidejte na tabuli hromádku plátků bagety nebo francouzského chleba a poskytněte klasickou přílohu k masům a sýrům.
e) Na prkénko položte malou misku dijonské hořčice k namáčení nebo namazání na chleba.
f) Přidejte misku cornichons, což jsou tradiční francouzské nakládané okurky, které doplní chutě uzenin.
g) Rozsypte na desku různé olivy a vyplňte zbývající mezery.
h) Kolem desky položte shluky čerstvých hroznů nebo nakrájené fíky a přidejte nádech sladkosti.
i) Posypte vlašské ořechy nebo mandle po celé desce pro větší texturu a chuť.
j) závěr ozdobte desku čerstvými bylinkami .
k) Podávejte prkénko na uzeniny inspirované francouzštinou jako předkrm nebo středobod na vašem setkání, což hostům umožní vychutnat si nádhernou kombinaci chutí a textur.

OMÁČKY, DIPY A DRESINKY

72. Želé z horké papriky

SLOŽENÍ:

- 2 šálky (300 g) jemně nakrájené papriky libovolné barvy nebo směsi
- ½ šálku (120 ml) jablečného octa
- 1 lžička vloček červené papriky
- 3 polévkové lžíce (36 g) Prémiový ovocný pektin bez cukru nebo méně cukru
- 1 lžička másla
- 1 ½ šálku (300 g) cukru

INSTRUKCE:

a) Sklenice a víčka připravíte tak, že je umístíte do velkého hrnce a zalijete alespoň 2,5 cm vody. Zahřejte je na varné desce na střední teplotu a udržujte je teplé, zatímco budete dělat želé. (Případně je umyjte v myčce na nádobí těsně předtím, než začnete, aby zůstaly teplé i po cyklu zahřátého sušení.)

b) V široké pánvi s těžkým dnem na středně vysokém ohni smíchejte papriku, ocet a vločky červené papriky. Vmíchejte pektin a máslo. Za stálého míchání přiveďte směs k plnému varu (intenzivní var, který při míchání nepřestane bublat). Vmícháme cukr. Směs vraťte do úplného varu a za stálého míchání vařte 1 minutu. Hrnec sundejte z plotny.

c) Sklenice sceďte a položte na čistou kuchyňskou utěrku. Nalijte horké želé do teplých sklenic a naplňte je do ½ palce (1 cm) od okrajů. Želé promíchejte, aby se papriky rozprostřely (mají tendenci plavat), a sklenice uzavřete víčky. Před mražením je nechte vytemperovat na pokojovou teplotu. Želé by mělo ztuhnout přes noc nebo do 24 hodin. Želé vydrží v chladu až 3 týdny.

73. Domácí bazalkovo-ořechové pesto

SLOŽENÍ:
- 2 šálky (70 g) balené čerstvé bazalky
- ½ šálku (50 g) strouhaného parmazánu
- ⅓ šálku (50 g) vlašských ořechů
- 3 stroužky česneku, oloupané
- ½ lžičky košer soli
- ¼ až ⅓ šálku (60 až 80 ml) olivového oleje
- Vymačkejte čerstvou citronovou šťávu

INSTRUKCE:

a) V kuchyňském robotu smíchejte bazalku, sýr, vlašské ořechy, česnek a sůl. Puls pro spojení, podle potřeby seškrábněte stěny misky gumovou stěrkou.

b) S procesorem běžícím na nízkou rychlost přidávejte olivový olej pomalým, stálým proudem, dokud se směs nestane hladkou, řídkou, roztíratelnou pastou.

c) Pesto přendejte do vzduchotěsné nádoby a vmíchejte do něj šťávu z citronu.

d) Uchovávejte v chladničce po dobu až 1 týdne nebo zmrazujte na 6 až 9 měsíců.

74.Klasický hummus

SLOŽENÍ:
- 1 plechovka (15 uncí) cizrny, okapaná a propláchnutá
- 1/4 šálku čerstvé citronové šťávy (asi 1 velký citron)
- 1/4 šálku dobře promíchaného tahini
- 1 malý stroužek česneku, nasekaný
- 2 polévkové lžíce extra panenského olivového oleje a další pro podávání
- 1/2 lžičky mletého kmínu
- Sůl podle chuti
- 2 až 3 lžíce vody
- K servírování špetka papriky

INSTRUKCE:
a) V kuchyňském robotu smíchejte tahini a citronovou šťávu a zpracujte 1 minutu. Oškrábejte boky a dno mísy a zpracujte dalších 30 sekund.

b) Do našlehaného tahini a citronové šťávy přidejte olivový olej, nasekaný česnek, kmín a 1/2 lžičky soli. Zpracujte po dobu 30 sekund, oškrábejte stěny a dno misky a poté zpracujte dalších 30 sekund nebo dokud se dobře nesmíchá.

c) Polovinu cizrny přidejte do kuchyňského robotu a zpracujte 1 minutu. Oškrábejte boky a dno mísy, přidejte zbývající cizrnu a zpracujte, dokud nebude hustá a docela hladká, ještě 1 až 2 minuty.

d) Pokud je hummus příliš hustý nebo obsahuje ještě malé kousky cizrny, se zapnutým procesorem pomalu přidávejte 2 až 3 lžíce vody, dokud nedosáhnete dokonalé konzistence.

e) Ochutnejte sůl a upravte podle potřeby. Hummus podávejte s kapkou olivového oleje a špetkou papriky.

75. Avokádový koriandrový dresink

SLOŽENÍ:
- 1 zralé avokádo
- 1/4 šálku čerstvé limetkové šťávy (asi 2 limetky)
- 1/2 šálku čerstvých listů koriandru
- 1/4 šálku olivového oleje
- 1 stroužek česneku
- Sůl a pepř na dochucení
- Voda zředit (volitelné)

INSTRUKCE:
a) V mixéru nebo kuchyňském robotu smíchejte avokádo, limetkovou šťávu, koriandr, olivový olej a česnek. Rozmixujte do hladka.

b) Pokud je zálivka příliš hustá, přidávejte vodu po 1 lžíci, dokud nedosáhne požadované konzistence.

c) Dochuťte solí a pepřem podle chuti. Použijte ihned nebo uchovávejte v lednici po dobu až 2 dnů.

76. Tzatziki omáčka

SLOŽENÍ:
- 1 hrnek řeckého jogurtu
- 1 okurka najemno nastrouhaná a okapaná
- 2 stroužky česneku, nasekané
- 2 lžíce extra panenského olivového oleje
- 1 lžíce bílého octa
- 1 lžíce čerstvého kopru, nasekaného (nebo 1 lžička sušeného kopru)
- Sůl a pepř na dochucení

INSTRUKCE:

a) Okurku nastrouháme a rukama nebo hadříkem vymačkáme přebytečnou vodu.

b) Ve střední misce smíchejte nastrouhanou okurku, řecký jogurt, česnek, olivový olej, ocet a kopr. Míchejte, dokud se dobře nepromíchá.

c) Dochuťte solí a pepřem podle chuti. Před podáváním ochlaďte alespoň 30 minut, aby se chutě propojily.

77. Pečená červená Paprika A Ořechový Dip

SLOŽENÍ:
- 1 sklenice (12 uncí) pečené červené papriky, okapané
- 1 šálek vlašských ořechů, opražených
- 1/2 šálku strouhanky
- 2 lžíce olivového oleje
- 1 lžíce melasy z granátového jablka (nebo citronová šťáva jako náhrada)
- 1 lžička uzené papriky
- 1/2 lžičky kmínu
- Sůl podle chuti
- Volitelně: chilli vločky na zahřátí

INSTRUKCE:
a) V kuchyňském robotu smíchejte okapanou pečenou červenou papriku, opražené vlašské ořechy, strouhanku, olivový olej, melasu z granátového jablka, uzenou papriku, kmín a sůl. Zpracujte do hladka.

b) Ochutnejte a upravte koření, přidejte chilli vločky, pokud máte rádi pikantní.

c) Přendejte do servírovací misky a před podáváním nechte alespoň 1 hodinu vychladit v lednici, aby se chutě rozvinuly.

78. s'Mores Dip

SLOŽENÍ:
- Čokoládové lupínky
- Mini marshmallows
- Grahamové sušenky (na namáčení)

INSTRUKCE:
a) Předehřejte troubu na 350 °F (175 °C).
b) Do zapékací mísy rozetřeme vrstvu čokoládových lupínků.
c) Navrch dejte vrstvu mini marshmallows.
d) Pečte v předehřáté troubě asi 10-12 minut, nebo dokud nejsou marshmallows zlatavě hnědé a opečené.
e) Podávejte s grahamovými sušenkami na namáčení.

OBČERSTVENÍ A CHLADIČE

79. Sladký čaj s příchutí whisky

SLOŽENÍ:
- 7 šálků (17 dL) vody
- 1 šálek (100 g) cukru
- 3 sáčky černého ledového čaje rodinné velikosti
- 1 šálek (240 g) whisky
- 1 velký citron, nakrájený na tenké plátky

INSTRUKCE:
a) Ve velké konvici přiveďte vodu k varu. Odstavte konvici z plotny a přidejte cukr a čajové sáčky. Za občasného míchání louhujeme asi 5 minut, dokud se cukr nerozpustí .
b) Vyjměte čajové sáčky, vymačkejte tekutinu a vyhoďte. Nechte vychladnout a přeneste sladký čaj do půlgalonové nádoby. Vmíchejte whisky a chlaďte až 3 dny.
c) Podávejte nastrouhaný sladký čaj na ledu a ozdobte plátky citronu.

80.Mimosa Sangria

SLOŽENÍ:

- 3 šálky (700 ml) ovocné šťávy
- 3 šálky (750 g) čerstvého ovoce (v případě potřeby nakrájené na plátky nebo kostičky)
- ½ šálku (120 ml) ovocného likéru (jako je Cointreau, Grand Marnier nebo Chambord)
- 1 (750 ml) láhev suchého sektu, vychlazeného

INSTRUKCE:

a) Smíchejte šťávu, ovoce a likér ve velké sklenici (nebo džbánu, pokud podáváte z jedné) a nechte chutě prolínat alespoň 1 hodinu.
b) Pokud máte v chladiči místo, nechte směs vychlazenou, dokud nebude připravena k použití.
c) Přidejte sekt do sklenice (nebo džbánu) a ihned podávejte.
d) Případně můžete jednotlivé sklenice naplnit asi do jedné třetiny směsí šťávy a dolít sektem.

81.Venkovní Margarita

SLOŽENÍ:
- 3 díly limetky
- 2 díly stříbrné tequily
- 1 díl trojitá sec
- Paprika Jalapeño, nakrájená na tenké plátky (volitelně)

INSTRUKCE:
a) Smíchejte limetku, tequilu a triple sec ve sklenici a doplňte ledem.
b) Pokud máte rádi margaritu s trochou tepla, před podáváním vmíchejte několik plátků jalapeňa.

82. Paloma

SLOŽENÍ:
- 1 díl stříbrné tequily
- 1 díl grapefruitové sody
- Šťáva z ½ střední limetky
- Kóšer sůl

INSTRUKCE:
a) Smíchejte tequilu, grapefruitovou sodu a limetkovou šťávu ve sklenici.
b) Přidejte špetku soli, doplňte ledem a podávejte.

83. Narozeninový shake

SLOŽENÍ:
- 2 šálky vanilkové zmrzliny
- ½ šálku mléka (upravte na požadovanou hustotu)
- ¼ šálku duhového posypu
- 2 lžíce prášku na dort (příchuť vanilka nebo funfetti)
- Šlehačka na polevu
- Další posypy na ozdobu

INSTRUKCE:
a) V mixéru smíchejte vanilkovou zmrzlinu, mléko, duhové posypy a prášek na dort.
b) Mixujte na střední rychlost, dokud se všechny ingredience dobře nespojí a koktejl nebude hladký a krémový.
c) Pokud je koktejl příliš hustý, přidejte trochu mléka a znovu míchejte, dokud nedosáhnete požadované konzistence .
d) Nalijte narozeninový koktejl do servírovacích sklenic.
e) Do každé sklenice nalijte kopeček šlehačky.
f) Nahoře ozdobte dalšími posypy.
g) Ihned podávejte s brčkem a vychutnejte si slavnostní a sladký narozeninový shake!

84.Medová limonáda Bourbon

SLOŽENÍ:
- 5 šálků (12 dL) vody, rozdělených
- 1 šálek (100 g) cukru
- 1 šálek (240 ml) čerstvě vymačkané citronové šťávy
- 1 šálek (240 ml) medového bourbonu
- 1 velký citron, nakrájený na tenké plátky

INSTRUKCE:
a) Smíchejte 2 šálky (475 ml) vody a cukru v malém hrnci na středním plameni. Míchejte, dokud se cukr nerozpustí , poté stáhněte z ohně a nechte jednoduchý sirup vychladnout na pokojovou teplotu.

b) Nalijte sirup, citronovou šťávu, bourbon a zbývající 3 šálky (725 ml) vody do půlgalonové nádoby. V závislosti na kyselosti vašich citronů upravte chuť a podle potřeby přidejte více cukru, citronové šťávy nebo vody. Chlaďte až 1 týden.

c) Medovou bourbonskou limonádu podávejte na ledu a ozdobte plátky citronu.

85. Zimní Candy Cane Martini

SLOŽENÍ:

- 1 ½ unce bobulové vodky
- 1 oz bílého čokoládového likéru
- 1 unce mátové pálenky
- 1 oz grenadiny
- 2 oz těžké smetany
- Drcené tyčinky na cukroví (na lemování)
- Candy hole (na ozdobu)
- Ledové kostky

INSTRUKCE:

a) Začněte obroubou sklenice: Vezměte vychlazenou koktejlovou sklenici a ponořte okraj do vody nebo jednoduchého sirupu. Poté mokrý okraj rolujte v rozdrcených cukrových tyčinkách, dokud nebude rovnoměrně potažen. Sklenici dejte stranou.
b) Naplňte koktejlový šejkr do poloviny kostkami ledu.
c) Do šejkru přidejte bobulovou vodku, bílý čokoládový likér, mátovou pálenku, grenadinu a hustou smetanu.
d) Směs intenzivně protřepávejte asi 15–20 sekund, aby se ingredience spojily a vychladly.
e) Přeceďte koktejl do sklenice s okrajem z cukrové třtiny.
f) Nápoj ozdobte cukrovou třtinou a nechte ji viset přes okraj sklenice.
g) Okamžitě podávejte koktejl Candy Cane a vychutnejte si ho!

86.Citrusové A Javorové Svařené Víno

SLOŽENÍ:

- 2 (750 ml) lahve červeného vína
- ½ šálku (120 ml) javorového sirupu
- 1 lžička semínek koriandru
- 2 (3 palce/8 cm) tyčinky skořice
- 12 bobulí nového koření
- 2 hvězdičky anýzu
- 1 bobkový list
- 2 střední pomeranče, rozpůlené příčně
- ½ šálku (120 ml) brandy

INSTRUKCE:

a) Do hrnce na středním plameni přidejte víno, javorový sirup a všechno koření. Odšťavněte pomeranče v hrnci a přidejte kůru.

b) Přiveďte k varu, snižte teplotu na minimum a louhujte alespoň 30 minut, aby se rozvinula chuť.

c) Před podáváním vmíchejte brandy a nalijte do hrnků, vyhýbejte se pomerančovým kůrám a koření.

d) Chcete-li koření získat ještě hlubší chuť, opečte je v hrnci na středně vysoké teplotě, než přidáte ostatní ingredience.

87.Rubínově červený grapefruit Shandy

SLOŽENÍ:
- 1 díl světlého ležáku nebo pšeničného piva, chlazeného
- 1 díl rubínově červené grapefruitové šťávy, vychlazené

INSTRUKCE:
a) Nalijte pivo do sklenice a dolijte šťávou.
b) SMÍCHAT TO
c) Vyzkoušejte různé ovocné džusy a nektary, abyste si vytvořili svůj vlastní typický džus , jako je pomerančový džus, šťáva z granátového jablka, mangový nektar, hruškový nektar, jablečný mošt, limonáda nebo havajská směs POG (maracuja, pomeranč, guava).

88.Letní Ale Sangria Se Zázvorem A Broskví

SLOŽENÍ:

- Hrst lístků čerstvé bazalky
- 2 střední broskve, vypeckované a nakrájené na tenké plátky
- 2 (12 uncí/350 ml) lahve letního piva, chlazené
- 1 šálek (240 ml) zázvorového piva, vychlazeného
- 1 šálek (240 ml) broskvového nektaru, chlazený

INSTRUKCE:

a) V hrnci rozmixujte bazalku a polovinu broskví. Přidejte zbývající broskve a pivo, zázvorové pivo a broskvový nektar a míchejte, aby se spojily. Ihned podávejte.

b) Pokud necestujete daleko, můžete místo čerstvých broskví použít nakrájené mražené broskve, aby sangria zůstala déle chladnější.

89. Svařený cider s vanilkou a bourbonem

SLOŽENÍ:
- 1 litr (1 l) jablečného moštu
- 2 (3 palce/8 cm) tyčinky skořice
- 4 lusky kardamomu, naražené stranou nože
- 4 hřebíčky
- ¼ lžičky semínek koriandru
- ½ vanilkového lusku, rozpůlený
- ½ šálku (120 ml) bourbonu

INSTRUKCE:
a) Přidejte jablečný mošt a všechno koření do malého hrnce na středním plameni.
b) Přiveďte k varu, snižte teplotu na minimum a louhujte alespoň 30 minut, aby se rozvinula chuť.
c) Před podáváním vmíchejte bourbon a nabírejte do hrnků, vyhýbejte se koření.

90.Margarita

SLOŽENÍ:
- Tequila
- limetkový džus
- trojitá sec
- sůl nebo cukr na lemování
- klínek limetky na ozdobu

INSTRUKCE:
a) Sklenici obložte solí nebo cukrem.
b) Protřepejte tequilu, limetkovou šťávu a triple sec s ledem v koktejlovém šejkru.
c) Sceďte do sklenice přes led a ozdobte měsíčkem limetky.

91.Mojito

SLOŽENÍ:
- Bílý rum
- čerstvé lístky máty
- limetkový džus
- jednoduchý sirup
- sodovka
- klínek limetky a/nebo snítka máty na ozdobu

INSTRUKCE:
a) Rozmixujte lístky máty, limetkovou šťávu a jednoduchý sirup ve sklenici.
b) Přidejte rum a led a zalijte sodou.
c) Jemně promíchejte a ozdobte měsíčkem limetky a/nebo snítkou máty.

92.Kosmopolitní

SLOŽENÍ:
- Vodka
- brusinková šťáva
- limetkový džus
- trojitá sec
- limetka twist nebo brusinky na ozdobu

INSTRUKCE:
a) Protřepejte vodku, brusinkový džus, limetkovou šťávu a triple sec s ledem v koktejlovém šejkru.
b) Přecedíme do vychlazené sklenice na martini a ozdobíme limetkou nebo brusinkami.

93.Negroni

SLOŽENÍ:
- Gin
- Campari
- sladký vermut
- oranžový twist na ozdobu

INSTRUKCE:
a) V míchací sklenici rozmíchejte gin, Campari a sladký vermut s ledem.
b) Přelijte do kamenné sklenice naplněné ledem a ozdobte oranžovým zákrutem.

94. Moskevský mezek

SLOŽENÍ:
- Vodka
- zázvorové pivo
- limetkový džus
- klínek limetky na ozdobu

INSTRUKCE:
a) Limetkovou šťávu vymačkejte do měděného hrnku nebo sklenice naplněné ledem.
b) Přidejte vodku a zázvorové pivo a jemně promíchejte.
c) Ozdobte měsíčkem limetky.

95. Francouzština 75

SLOŽENÍ:
- Gin
- citronová šťáva
- jednoduchý sirup
- Šampaňské
- citronový twist na ozdobu

INSTRUKCE:
a) Gin, citronovou šťávu a jednoduchý sirup protřepejte s ledem v koktejlovém šejkru.
b) Sceďte do flétny na šampaňské, poklaďte šampaňským a ozdobte citronem.

96. Espresso Martini

SLOŽENÍ:
- Vodka
- kávový likér
- Espresso
- jednoduchý sirup
- kávová zrna na ozdobu

INSTRUKCE:
a) Protřepejte vodku, kávový likér, espresso a jednoduchý sirup s ledem v koktejlovém šejkru.
b) Přecedíme do sklenice na martini a ozdobíme kávovými zrny.

97. Modré Martini

SLOŽENÍ:

- 2 oz vodky
- 1 oz modré curaçao
- ½ oz čerstvě vymačkané citronové šťávy
- Ledové kostky
- Citronový twist nebo borůvky (na ozdobu)

INSTRUKCE:

a) Naplňte koktejlový šejkr do poloviny kostkami ledu.
b) Do šejkru přidejte vodku, modré curaçao a čerstvě vymačkanou citronovou šťávu.
c) Směs intenzivně protřepávejte asi 15–20 sekund, aby se přísady vychladily.
d) Koktejl sceďte do vychlazené sklenice na martini.
e) Modré Martini ozdobte citronovou zákrutou nebo několika borůvkami na koktejlovém trsátku.
f) Okamžitě podávejte modré Martini a užívejte si!

98.Ovocné smoothie

SLOŽENÍ:
- Různé druhy ovoce (např. banány, bobule, mango)
- Jogurt nebo mléko
- Med nebo sladidlo (volitelné)
- Ledové kostky

INSTRUKCE:
a) Ovoce omyjeme a nakrájíme na malé kousky.
b) Vložte ovoce do mixéru.
c) Přidejte jogurt nebo mléko, med nebo sladidlo (pokud chcete) a hrst kostek ledu.
d) Mixujte, dokud nebude hladká a krémová.
e) Nalijte do sklenic a ihned podávejte.

99. Virgin Piña Colada

SLOŽENÍ:
- 2 oz ananasové šťávy
- 2 oz kokosové smetany
- 1 šálek drceného ledu
- Plátek ananasu a maraschino cherry na ozdobu

INSTRUKCE:
a) Do mixéru přidejte ananasovou šťávu, kokosovou smetanu a drcený led.
b) Rozmixujte do hladka.
c) Nalijte do sklenice a ozdobte plátkem ananasu a maraschino cherry.

100. Voda napuštěná ovocem

SLOŽENÍ:
- Různé druhy ovoce (jako jsou plátky citronů, limetky, pomeranče, bobule nebo okurky)
- Voda
- Ledové kostky

INSTRUKCE:
a) Do džbánu nebo velké sklenice přidejte ovoce podle svého výběru.
b) Naplňte nádobu vodou.
c) Přidejte kostky ledu.
d) Jemně promíchejte, aby se spojily.
e) Nechte vodu odstát asi 30 minut, aby se naplnily chutě.
f) Podávejte vychlazené jako osvěžující a hydratační nápoj pro vaši bazénovou párty.

ZÁVĚR

Když zakončíme naši cestu kouzlem jednoduchých venkovních hostin, doufám, že se cítíte inspirováni k tomu, abyste přijali radosti stolování pod širým nebem a vytvořili nezapomenutelné chvíle s blízkými. "KOUZLO JEDNODUCHÝCH VENKOVNÍCH HOSTŮ" bylo vytvořeno s vírou, že jídlo má sílu sbližovat lidi a povyšovat obyčejné na neobyčejné.

Až budete pokračovat v objevování krásy stolování pod širým nebem, pamatujte, že podstata vaření pod širým nebem nespočívá pouze v příchutích jídla, ale také ve spojeních a vzpomínkách sdílených u stolu. Ať už se scházíte na slavnostní grilování, užíváte si poklidný piknik nebo prostě jen oceňujete krásu přírody nad neformálním jídlem, ať si každé sousto vychutnáte a každý okamžik oceníte.

Děkuji, že jste se ke mně připojili na tomto kulinářském dobrodružství. Nechť jsou vaše venkovní hostiny naplněny smíchem, láskou a kouzlem jednoduchých potěšení. Dokud se znovu nepotkáme, přeji příjemné vaření a dobrou chuť!

www.ingramcontent.com/pod-product-compliance
Lightning Source LLC
Chambersburg PA
CBHW070353120526
44590CB00014B/1112